INTERMEDIATE RUSSIAN SHORT STORIES

*10 Captivating Short Stories
to Learn Russian & Grow Your
Vocabulary the Fun Way!*

Intermediate Russian Stories

www.LingoMastery.com

CONTENTS

INTRODUCTION

Hello, Reader!

Since you're reading this book, you must have made pretty impressive progress in learning Russian. That's awesome! However, we don't want you to bask in your success, which is one of the most common mistakes language learners make. Constantly challenging yourself is the key to perfection and we encourage you to reach it no matter how good you are now.

This book is a collection of 10 Short Stories in Russian which were specially written for Russian intermediate, as we seek to provide a comprehensive experience in the language and to expose you to a rich and practical vocabulary, useful grammar structures and expressions that would allow you to take the Russian language knowledge and skills to a new level.

Reading has been proven to be one of the most efficient ways to learn a foreign language, as it helps the student to become familiar with the proper grammar use, the rhythms, forms and rules of the language; also, according to research, it exposes the pupil to more sentences per minute than the average movie or TV show.

When creating this book, we were balancing between making it both entertaining and challenging. Having gone far along the way of mastering Russian, you are supposed to be familiar with many words and structures, which will allow you to enjoy reading. Yet the book gives much space for further growth exposing you to new things and thus motivating you to move beyond.

The stories are fluid, continuous and filled with a variety of helpful vocabulary combined with grammatical richness. Additionally, at the end of each story, a learning support section will help you whenever you need it by providing you with English translations of difficult words, a summary of the story and multiple-choice questions about important features of the story. This will allow you to follow all the details of each story and, thus, to improve at a fast pace.

We took into consideration that you, as a reader, have a fair amount of Russian language vocabulary, and we hope that you find this book genuinely entertaining for both academic and casual reading.

ABOUT THE STORIES

Motivation is essential when learning a foreign language. That's why finding reading materials that are not only good on a grammatical and vocabulary level but also interesting, engaging and informative is key for intermediate and even advanced students.

Besides this, achieving a sense of progress and accomplishment is necessary to maintain an active interest. This is the core principle upon which this book is based.

Through the book, you will find bolded words. These are the words we thought you might consider difficult or useful phrases you may find worth memorizing. The definition for each one of these words or phrases can be found in the vocabulary section. After the vocabulary section, you will find a summary that provides a condensed version of the story in both English and Russian. This is especially helpful in case you get lost as you read, as it allows you to go back and make sure you are not missing any important details. Finally, at the end of the learning support feature, you will find a set of five multiple choice questions about the story you just read. Try to answer them without any help, and after doing so, check the answers provided at the end of the section.

It's important to note that a full translation of the stories is not included in this book. This has been done purposefully to remove the "easy option" as you might feel constantly inclined to rely on the English version to avoid the "struggle" needed to make significant progress in your learning process.

SUGGESTED STEPS TO
WORKING WITH THIS BOOK

1. First, just read the story. Chances are you already know many words, so don't feel discouraged if you see too many words that you don't know.
2. Then, read it again, referring to the vocabulary. Note that our vocabulary is much easier to use than a conventional dictionary because:
   a) the words are listed in order of their appearance in the text;
   b) the translations are given in the very form you find them in the text;
   c) the most complex words are given as word combinations to let you grasp the grammatical structure.
3. Now that you think you understand the major plot of the story, check yourself by referring to the summary of the story that is provided both in Russian and English.
4. Go over to the Q&A section to check if you've understood the details.
5. Check if you were right in the Answers section.
6. And at last – read the story one more time and see how much easier it goes this time!

TIPS TO IMPROVE YOUR READING

Reading is a complicated skill. Think of how you learned to read in your mother tongue. It took you years to master the language before you even started learning how to read, from the simplest words to the most complicated levels. So you build a complex set of micro skills that allows you to read different things at a different pace and with different levels of understanding.

However, research suggests that this doesn't happen when reading in a foreign language. You stop being able to use all those micro skills that help you understand a difficult text, and you start focusing on understanding the meaning of every single word. That, for the intermediate level learner, tends to be exhausting and contributes to a rapid frustration at being unable to understand everything due to possessing an elementary vocabulary. Advanced level learners are expected to have overcome this issue, but constant reading is necessary to keep yourself in shape.

Here are a few useful tips:

1. The first tip is to avoid getting instantly overwhelmed by any unknown words. Try reading a full page or even just a paragraph before stopping to look up the meaning of words. Not breaking the semantic flow of the story will eventually make it easier to get a general idea of it. It does not matter if you miss small details because your reading speed will increase, and you will improve your fluency.

2. It is also important to commit yourself to a minimum page count per day. Remember, the more you read, the more you learn.
3. Don't rush things. "Squeeze" everything you can from each story – keep coming back to them and you will be amazed by how much more of them you understand the second time and how much more they have to offer in terms of grammar and vocabulary.
4. If you don't know a word and it's not in bold (i.e., not in the vocabulary list), then:

   • You may have already encountered it but in a different form. Challenge your attention!
   • The word may be of an international character. What could the word 'амбициозный' – [ambitsi'oznyj] mean? Right! It's 'ambitious'.
   • Use the context. Let's turn to the word 'решение' – 'decision'. What verb can you pair it with? Right! You can *make* a decision.

5. Write up any words, expressions or verb conjugations you don't understand and look them up. Try to learn the ones you consider important, get back to reading again and surprise yourself at how much progress you have made.
6. Feel free to use any external material to make your experience more complete: while we've provided you with plenty of data to help you learn, you may feel obliged to look at textbooks or search for more helpful texts on the internet — do not think twice about doing so! We even recommend it.
7. Finally, try writing your own stories once you're done: all of the material in this book is made for you to learn not only how to read, but how to write as well. Liked what you read? Try

writing your own story now, and see what people think about it!

And last but not least – always keep in mind that the goal of reading is not to understand every single word in a story. The purpose of reading is to be able to enjoy the stories while you expose yourself to new expressions and to tell stories in Russian. So, if you don't understand a word, try to guess it from the context the way we suggested or just continue reading.

FREE BOOK!

CHAPTER I

НЕОБЫЧНЫЙ ПИТОМЕЦ

Домашние питомцы давно **стали частью** нашей жизни. Очень сложно не любить **милые мордашки**, **пушистые** хвосты и мягкие **лапки**. Конечно же, животные **требуют** большой **ответственности** и много **внимания**, но они делают нашу жизнь счастливее.

В последнее время всё больше людей **заводят экзотических** или необычных питомцев: **ящериц, поросят** или **даже** крокодилов. Но **могу поспорить**, что у меня **в детстве** был самый необычный питомец.

Когда моему старшему брату было четырнадцать лет, он **серьёзно увлекался лыжами**. Когда **выпадал снег**, его **невозможно** было **заставить** сидеть дома. Он вставал рано утром, **садился на поезд** и уезжал **в ближайший лес**. Домой он **возвращался** только поздно вечером и **сразу же** шёл на кухню. После дня в лесу на лыжах он мог съесть весь холодильник.

Однажды он вернулся не один. Максим зашёл в дом и, **не раздеваясь**, пошёл в свою комнату:

— Кирилл, **пошли со мной**, — **шепнул** он мне.

Я был **младше** брата на семь лет и, конечно же, **обожал проводить** с ним время. Я побежал за ним на второй этаж.

— Смотри, что я принёс, — сказал Максим и **достал из рюкзака** свою **шапку**, а в шапке лежал **крохотный котёнок**.

— Котёнок! — **закричал** я.

— **Во-первых, говори тише**, — прошептал Максим. — А, **во-вторых**, это **не совсем** котёнок.

— А кто же тогда?

— Посмотри на **кисточки** на его ушах. Мне **кажется**, это маленькая **рысь**.

— Где ты нашёл её?

— Я шёл на лыжах по лесу и **вдруг** услышал **слабый писк**. Я **подошёл к кустам** и увидел четырёх маленьких котят. **Сначала** я **испугался**. Если есть котята, **значит** рядом есть мама-кошка. Но мне было **любопытно**. Я подошёл **ближе** и увидел, что три котёнка **не шевелятся**. Я **потрогал** их. Они были **твёрдыми** и холодными. Мама не могла их **просто оставить**. Наверное, её **убили охотники**. А этот котёнок ещё **пищал**. Я не смог его там оставить.

— Правильно! Мы **вырастим** его **сами**! — **обрадовался** я.

— А что скажут мама с папой? Они **не разрешат** нам его **оставить**. **Помнишь**, мама не разрешила нам оставить даже **хомяка**.

И мы с братом **решили тайно** растить маленькую рысь. Это была девочка. Мы **назвали** её **Снежинка**. Конечно, нам **не удалось** долго **хранить наш секрет**. Родители быстро **заметили**, что молоко просто **исчезает** из холодильника и что мы с братом **всё время перешёптываемся**.

Мы были **удивлены**, но родители сразу же **влюбились в** Снежинку. Мы с братом были **на седьмом небе от счастья**! Все наши друзья **завидовали** нам, а мы **гордо** гуляли со Снежинкой **во дворе**.

Сначала рысь не сильно **отличалась от обычного** котёнка. Она любила играть, пила молоко, ела мясо и рыбу и **мурлыкала**. Но очень скоро она стала больше **взрослой** кошки, а **затем** и больше собаки. Родители **боялись**, что она **станет агрессивной**, **ведь** рысь — это **дикое животное**. Но Снежинка была очень **нежной как** с нами, **так и** с другими людьми. Мы думали, что она **останется** с нами **навсегда**, но мы были детьми и не понимали многих вещей.

Однажды **за ужином** мама сказала:

— Мальчики, нам нужно **серьёзно поговорить**. Снежинка уже взрослое животное. Она очень большая, **ей плохо** в нашей **квартире**.

— **Не правда**! — закричал я. — Мы **заботимся о** Снежинке, играем с ней, и она счастлива!

— Кирилл, **дорогой**, Снежинка — дикое животное, ей нужно **больше места**.

— Да, **ребята**, — **поддержал** её папа. — И плюс, мы не знаем, как она будет **вести себя в будущем**. Она может стать агрессивной. Она должна **научиться охотиться**.

— Снежинка никогда не станет **злой**, — сказал я и **заплакал**.

— **Сынок**, Снежинке нужна семья, ей нужно **общаться с** другими рысями.

— **Зачем**? Максим, почему ты **молчишь**?! — **возмутился** я.

— Кирилл, родители **правы**, — согласился Максим, **опустив голову**. — Мы должны **отпустить** Снежинку **на волю**...

Родители позвонили **в службу охраны дикой природы**. Они сказали, что **наденут** на Снежинку **ошейник с чипом**, чтобы **следить** за её жизнью на воле.

Всю ночь **перед расставанием** со Снежинкой я не спал. Максим тоже не мог **уснуть**. Мы сидели **рядом** с ней, **гладили** её и рассказывали ей о том, что у неё в лесу будет **замечательная** жизнь...

Прошло два года. **Всё это время** мы следили за жизнью Снежинки: **работники** службы охраны дикой природы звонили нам и рассказывали о том, как наша рысь адаптируется в дикой природе, а однажды они **предложили** нам **встретиться** со Снежинкой.

— Но **учтите**, — **предупредили** нас, — Снежинка могла **забыть** вас. Теперь она **настоящий** дикий **зверь**.

Мы очень **волновались** перед встречей с нашей **питомицей**. Нам хотелось **верить**, что она **помнит** нас, но мы понимали, что Снежинка живёт новой жизнью.

Вместе с работниками службы мы приехали в лес. Мы должны были **наблюдать за** Снежинкой **из укрытия**, потому что никто не знал, как она себя поведёт. **Как только** я увидел Снежинку, моё **сердце забилось чаще**, а когда она **подошла ближе**, я **не выдержал** и побежал ей **навстречу**, Максим побежал за мной.

Взрослые кричали, чтобы мы остановились. Теперь я понимаю их: навстречу детям **мчался** дикий зверь! Но мы ничего не слышали. Через минуту Снежинка **прыгала вокруг нас**, как котёнок. Она нежно **облизывала** наши лица и мурлыкала, как **домашняя** кошка. Наша рысь не забыла нас!

Я **считаю**, **нашей семье очень повезло**: у нас есть свой домашний дикий зверь.

Краткое содержание истории

Максим и Кирилл братья. Однажды, когда Максим катался на лыжах в лесу, он нашёл детёныша рыси и принёс его домой. Родители разрешили детям оставить рысь. Они назвали её Снежинка. Она была ласковой и не агрессивной и вела себя как обычная кошка. Но вскоре она выросла, и родители решили вернуть её в дикую природу. Работники службы охраны дикой природы надели на неё ошейник с чипом и следили за её жизнью. Через два года Максим, Кирилл и их родители встретились со Снежинкой. Они боялись, что она их забыла, но рысь узнала детей.

Summary of the story

Maxim and Kirill are brothers. One day when Maxim was skiing in the forest, he found a lynx cub and brought it home. The parents allowed the children to keep the lynx. They named it Snowflake. It was tender and not aggressive and behaved like a usual cat. But soon she grew up, and the parents decided to get her back into the wild. The employees of the Wildlife Service put a collar with a chip on her and followed her life. In two years, Maxim, Kirill and their parents met Snowflake. They were afraid she had forgotten them but the lynx recognized the children.

Vocabulary

- **необычный питомец**: unusual pet
- **стали частью**: became part
- **милые мордашки**: cute snouts
- **пушистые**: fluffy
- **лапки**: little paws
- **требуют**: demand
- **ответственности**: responsibility (genitive)
- **внимания**: attention (genitive)
- **в последнее время**: recently
- **заводят**: start having
- **экзотических**: exotic
- **ящериц**: lizards (genitive)
- **поросят**: pigs (genitive)
- **даже**: even
- **могу поспорить**: I can bet
- **в детстве**: in childhood
- **серьёзно увлекался лыжами**: was seriously into skiing
- **выпадал снег**: snow fell
- **невозможно**: impossible
- **заставить**: make (force)
- **садился на поезд**: got on a train
- **в ближайший лес**: to the nearest forest
- **возвращался**: returned
- **сразу же**: at once
- **однажды**: one day
- **не раздеваясь**: without taking his clothes off
- **пошли со мной**: come with me
- **шепнул**: whispered
- **младше**: younger
- **обожал проводить**: loved to spend
- **достал из рюкзака**: took out of the backpack
- **шапку**: hat (accusative)
- **крохотный**: tiny
- **котёнок**: kitten
- **закричал**: shouted
- **во-первых**: firstly
- **говори тише**: keep your voice down
- **во-вторых**: secondly
- **не совсем**: not quite
- **кисточки**: tufts
- **кажется**: seems
- **рысь**: lynx
- **вдруг**: suddenly

- **слабый писк**: weak squeak
- **подошёл к кустам**: approached the bushes
- **сначала**: at first
- **испугался**: got frightened
- **значит**: it means
- **любопытно**: curious
- **ближе**: closer
- **не шевелятся**: don't move
- **потрогал**: touched
- **твёрдыми**: firm
- **просто оставить**: just leave
- **убили**: killed
- **охотники**: hunters
- **пищал**: was squeaking
- **вырастим**: will raise
- **сами**: by ourselves
- **обрадовался**: rejoiced
- **не разрешат**: will not allow
- **оставить**: keep (have forever)
- **помнишь**: do you remember
- **хомяка**: hamster (genitive)
- **решили**: decided
- **тайно**: secretly
- **назвали**: named
- **Снежинка**: Snowflake
- **не удалось**: didn't manage
- **хранить наш секрет**: keep our secret
- **заметили**: noticed
- **исчезает**: disappears
- **всё время**: all the time
- **перешёптываемся**: are whispering to one another
- **удивлены**: surprised
- **влюбились в**: fell in love with
- **на седьмом небе от счастья**: in seventh heaven
- **завидовали**: envied
- **гордо**: proudly
- **во дворе**: in the yard
- **отличалась от**: differed from
- **обычного**: usual
- **мурлыкала**: was purring
- **взрослой**: adult (adj)
- **затем**: then
- **боялись**: were afraid
- **станет агрессивной**: will become aggressive
- **ведь**: for (because)
- **дикое животное**: wild animal
- **нежной**: tender
- **как... так и**: both... and
- **останется**: will stay
- **навсегда**: forever
- **за ужином**: at dinner

- **серьёзно поговорить**: have a serious talk
- **ей плохо**: she feels bad
- **квартире**: apartment (prepositional)
- **не правда**: it's not true
- **заботимся о**: care about
- **дорогой**: sweetie
- **больше места**: more space
- **ребята**: guys
- **поддержал**: supported
- **вести себя**: behave
- **в будущем**: in the future
- **научиться охотиться**: learn to hunt
- **злой**: evil
- **заплакал**: started crying
- **сынок**: son (diminutive)
- **общаться с**: communicate with
- **зачем**: what for
- **молчишь**: keep silent
- **возмутился**: resented
- **правы**: right
- **опустив голову**: having lowered his head
- **отпустить**: let go
- **на волю**: into the wild
- **в службу охраны дикой природы**: to the Wildlife Service
- **наденут**: will put on
- **ошейник с чипом**: collar with a chip
- **следить**: follow
- **перед расставанием**: before parting
- **уснуть**: fall asleep
- **рядом**: beside
- **гладили**: were stroking
- **замечательная**: amazing
- **прошло**: passed
- **всё это время**: all these time
- **работники**: employees
- **предложили**: suggested
- **встретиться**: meet
- **учтите**: keep in mind
- **предупредили**: warned
- **забыть**: forget
- **настоящий**: real
- **зверь**: beast
- **волновались**: were worried
- **питомицей**: pet (ablative, female)
- **верить**: believe
- **помнит**: remembers
- **наблюдать за**: watch
- **из укрытия**: from behind the cover
- **как только**: as soon as

- **сердце забилось чаще:** heart began to beat faster
- **подошла ближе:** went up closer
- **не выдержал:** couldn't withstand
- **навстречу:** towards
- **взрослые:** grown-ups
- **мчался:** was racing
- **прыгала вокруг нас:** was leaping around us
- **облизывала:** was licking over
- **домашняя:** domestic
- **считаю:** think
- **нашей семье очень повезло:** our family is very lucky

Questions about the story

1. Чем увлекался Максим?

   a) Экзотическими питомцами.
   b) Поездками в лес.
   c) Лыжами.

2. Кого Максим нашёл в лесу?

   a) Маленькую рысь.
   b) Котёнка.
   c) Рысь с детёнышами.

3. Как вела себя Снежинка?

   a) Она была нежной.
   b) Она была агрессивной.
   c) Она вела себя как дикий зверь.

4. Кто предложил отпустить Снежинку на волю?

   a) Максим и Кирилл.
   b) Родители.
   c) Служба охраны дикой природы.

5. Чего боялись Максим и Кирилл перед встречей со Снежинкой?

   a) Что она не придёт.
   b) Что она стала агрессивной.
   c) Что она их забыла.

Answers

1. C
2. A
3. A
4. B
5. C

CHAPTER II

Я НЕ ДОШЁЛ ТУДА, КУДА ШЁЛ

В ту ночь на улице было **так** темно, **что** я не видел **собственных** пальцев. Погасли все **фонари**, ни в одном окне не горел свет. **Даже оживлённые** улицы были **пусты, не говоря уже о** тёмном **переулке**, по которому я шёл. **Ни** машин, **ни прохожих**. Мне не было страшно, **главное**, что эта дорога — **короткий путь**. Я очень **торопился**, у меня был план, и я хотел **осуществить** его **как можно скорее**.

Я слышал **эхо** своих быстрых **шагов** и **сумасшедшее биение** своего сердца. **Как будто** я шёл на **первое свидание** или **на встречу** с другом, которого не видел **сто лет**. Ещё пятнадцать минут, и я **буду на месте. Почему-то** я подумал о том, **что сказала бы** моя мама:

«Толя, почему ты не пошёл по **главной** улице? Сейчас ночь, а ты **совсем один**. Это опасно!»

Я даже улыбнулся. Мама **заботилась обо** мне даже в моих **мыслях. Удивительно**, но **буквально** через две минуты я понял, что мама **опять права**. Неожиданно я услышал **грубый** мужской **голос**:

— Куда торопишься, **парень**?

Я не **обернулся** и не остановился. **Вряд ли** этот мужчина хочет спросить у меня, как **пройти в библиотеку**. Я **ускорил** шаг и понял, что иду по улице не один. Через минуту я уже **почти** бежал. Я думал:

«Если они **потребуют** отдать им **бумажник**, я **сразу же** его отдам. Но у меня мало денег. **А что, если** они не **поверят**, что я отдал им всё. А что, если они попросят у меня **прикурить**? Но я не курю. **Что же мне делать**?»

Я **не успел** ничего **придумать**. Пять **крепких** парней **окружили** меня.

— Куда ты так спешишь, **а**? — спросил **самый высокий** из них, **державший** в руках маленький **фонарик**.

— Никуда, — ответил я, **пытаясь** не смотреть ему **в глаза**.

Но этим ребятам **было неинтересно**, куда я иду. Им не нужны были мои деньги, и у них были свои сигареты и **зажигалки**. Им просто было **скучно**, а **одинокий** прохожий на тёмной улице был **отличным развлечением**. Я пытался быть **вежливым** и со всем **соглашался**, но это не помогло. В ту ночь я не дошёл туда, куда шёл. Меня **жестоко избили** и **оставили** лежать на улице. Спасибо, что **на тротуаре**, а не **на проезжей части**.

Мне повезло, что это было летом. **Во-первых**, я не **замёрз**, а **во-вторых**, солнце **встало** рано, и **дворник**, который нашёл меня, рано вышел **подметать** улицы. Он **вызвал скорую** и полицию, но я плохо **всё это** помню. Я помню только **ужасную боль** и **жалость к** себе.

Когда я **пришёл в себя**, я **едва** мог **пошевелиться**. **Обе** мои ноги и левая рука были **в гипсе**. Правый глаз **распух**, и я им ничего не видел. Мне было **сложно дышать**, и я **предположил**, что у меня **сломаны рёбра**. Я был прав.

Несложно представить, что два месяца, которые я **провёл** в больнице, были **самыми сложными** в моей жизни. Я **постоянно** чувствовал боль, а ещё я чувствовал себя **униженным**. Но **самое главное** — в ту ночь я не дошёл туда, куда шёл! Я много думал **о мести**. Я **мечтал, чтобы** полиция нашла тех **хулиганов** и чтобы они **получили по заслугам**.

Нужно сказать, я был не одинок. Меня очень **поддерживали** родители и друзья. Они **навещали** меня каждый день, и мне даже **стало стыдно**. К парню, который лежал со мной в одной **палате**, никто не приходил. **Естественно**, мы проводили много времени вместе и много разговаривали. Я **узнал**, что Захар — **сирота**. У него была **неплохая** работа, но он **потерял** её **из-за** этого **перелома**. **У него заканчивались деньги**, и он не знал, что будет делать, когда его **выпишут из больницы**.

Но он **не жаловался**, много **шутил** и был очень оптимистичным. И мне **снова** стало стыдно. У меня есть работа, семья и друзья. Я буду жить у родителей, **пока не поправлюсь**… Захар помог мне **переоценить** мою жизнь, и я **пообещал** помочь ему.

Я **сдержал своё обещание** и помог Захару найти новую работу и **съёмную квартиру**. Мы стали **настоящими** друзьями. Жизнь **продолжалась**…

Однажды мне позвонили из полиции. Они сказали, что нашли **одного из тех ребят**, которые меня избили, и хотят, чтобы я **опознал** их. **Долгожданная** месть!

В комнате **за стеклом** было десять человек. Я **сразу узнал** того высокого парня.

— Вы кого-нибудь узнаёте? — спросил офицер.

Мне было трудно **скрыть** свои эмоции, но я ответил:

— Нет, я никогда не видел этих людей.

— Вы уверены?

— Да, абсолютно, — ответил я.

Офицер был очень **удивлён**. Он зашёл в комнату за стеклом и что-то сказал. Я видел, что высокий парень тоже очень удивился.

Я спокойно **возвращался** домой, когда кто-то **окликнул** меня:

— Эй, стой!

Я оглянулся. Это был тот парень.

— **Ты что**, не узнал меня? — спросил он.

— Узнал, — ответил я спокойно.

— **Тогда почему** ты **не сдал меня полиции**?

— Потому что ты и твои друзья **спасли мне жизнь**.

— Мы избили тебя **до полусмерти**!

— Да, но в ту ночь я не дошёл туда, куда шёл.

— **И что**?

— Я собирался **спрыгнуть** с крыши **двадцатиэтажного** дома, потому что моя **девушка** меня **бросила**. В больнице я понял, что **это того не стоит**. Но будьте **осторожней**, ребята, может быть, **в следующий раз** вам не повезёт **так сильно**...

Краткое содержание истории

Однажды ночью Толя шёл один по тёмной улице. Его остановили хулиганы и жестоко избили. Толя провёл в больнице два месяца. Он мечтал о мести. Его родители и друзья заботились о нём и помогали ему. В одной палате с Толей лежал парень по имени Захар. Он был сиротой и потерял свою работу из-за перелома, но был очень оптимистичным. Толя переоценил свою жизнь. Он помог Захару найти работу, они стали друзьями.

Однажды Толю позвали в полицию опознать одного из хулиганов, которые его избили. Толя узнал его, но не сдал его полиции. Когда хулиган спросил Толю, почему он этого не сделал, Толя ответил, что хулиган и его друзья спасли ему жизнь, потому что в ту ночь он собирался спрыгнуть с крыши из-за того, что его бросила девушка.

Summary of the story

One night, Tolya was going alone along a dark street. He was stopped by hooligans and beaten severely. Tolya spent two months in hospital. He was dreaming about revenge. His parents and friends cared about him and helped him. A guy by the name of Zahar was in the same ward with Tolya. He was an orphan and lost his job because of a fracture, but he was very optimistic. Tolya revalued his life. He helped Zahar to find a job, and they became friends.

One day Tolya was called to the police to identify one of the hooligans who had beaten him. Tolya recognized him but didn't turn him in. When the hooligan asked Tolya why he hadn't done it, Tolya answered that his friends and he had saved his life because that night he was going to jump off the roof because his girlfriend had dumped him.

Vocabulary

- **я не дошёл туда, куда шёл**: I didn't get to the place where I was going
- **так...что**: so...that
- **собственных**: own
- **фонари**: street lights
- **даже**: even
- **оживлённые**: busy
- **пусты**: empty
- **не говоря уже о**: not speaking about
- **переулке**: by-street (prepositional)
- **ни...ни**: neither...nor
- **прохожих**: pedestrians
- **главное**: main thing
- **короткий путь**: short way
- **торопился**: was in a hurry
- **осуществить**: realize
- **как можно скорее**: as soon as possible
- **эхо**: echo
- **шагов**: steps (genitive)
- **сумасшедшее**: crazy
- **биение**: beating
- **как будто**: as if
- **первое свидание**: the first date
- **на встречу**: to the meeting
- **сто лет**: for ages
- **буду на месте**: will be there
- **почему-то**: for some reason
- **что сказала бы**: would say (subjunctive mood)
- **главной**: main
- **совсем один**: all alone
- **заботилась обо**: cared about
- **мыслях**: thoughts (prepositional)
- **удивительно**: it's strange
- **буквально**: literally
- **опять**: again
- **права**: right
- **неожиданно**: suddenly
- **грубый**: rough
- **голос**: voice
- **парень**: guy
- **обернулся**: turned around
- **вряд ли**: unlikely
- **пройти в библиотеку**: get to the library
- **ускорил**: sped up
- **почти**: almost
- **потребуют**: will demand
- **бумажник**: wallet

- **сразу же**: at once
- **поверят**: will believe
- **а что, если**: and what if
- **прикурить**: get a light
- **что же мне делать**: what shall I do
- **не успел**: didn't have time to
- **придумать**: come up with
- **крепких**: strong
- **окружили**: surrounded
- **а**: hah
- **самый высокий**: the tallest
- **державший**: who was holding
- **фонарик**: torch light
- **пытаясь**: trying
- **в глаза**: in the eye
- **было не интересно**: were not interested in
- **зажигалки**: lighters
- **скучно**: bored
- **одинокий**: lonely
- **отличным развлечением**: excellent entertainment (ablative)
- **вежливым**: polite
- **соглашался**: agreed
- **жестоко избили**: beat severely
- **оставили**: left
- **на тротуаре**: on sidewalk
- **на проезжей части**: on traffic way
- **мне повезло**: I was lucky
- **во-первых**: firstly
- **замёрз**: froze
- **во-вторых**: secondly
- **встало**: rose
- **дворник**: street cleaner
- **подметать**: wipe
- **вызвал скорую**: called the ambulance
- **всё это**: all this
- **ужасную боль**: terrible pain (accusative)
- **жалость к**: pity to
- **пришёл в себя**: came round
- **едва**: hardly
- **пошевелиться**: move
- **обе**: both
- **в гипсе**: in plaster
- **распух**: got swollen
- **сложно дышать**: hard to breathe
- **предположил**: supposed
- **сломаны рёбра**: ribs were broken
- **не сложно представить**: it's not hard to imagine
- **провёл**: spent

- **самыми сложными**: the most difficult
- **постоянно**: constantly
- **униженным**: humiliated
- **самое главное**: the main thing
- **о мести**: about revenge
- **мечтал, чтобы**: dreamed about
- **хулиганов**: hooligans (genitive)
- **получили по заслугам**: get their fairing
- **нужно сказать**: I must say
- **поддерживали**: supported
- **навещали**: visited
- **стало стыдно**: got ashamed
- **палате**: ward
- **естественно**: naturally
- **узнал**: learned
- **сирота**: orphan
- **неплохая**: quite good
- **потерял**: lost
- **из-за**: because of
- **перелома**: fracture (genitive)
- **у него заканчивались деньги**: he was running out of money
- **выпишут из больницы**: will be discharged from hospital
- **не жаловался**: didn't complain
- **шутил**: joked
- **снова**: again
- **пока не поправлюсь**: until I recover
- **переоценить**: revalue
- **пообещал**: promised
- **сдержал своё обещание**: kept my promise
- **съёмную квартиру**: rental apartment (accusative)
- **настоящими**: real
- **продолжалась**: was going on
- **одного из тех ребят**: one of those guys
- **опознал**: justified
- **долгожданная**: long-awaited
- **за стеклом**: behind the glass
- **сразу узнал**: recognized at once
- **скрыть**: hide
- **удивлён**: surprised
- **возвращался**: was returning
- **окликнул**: called
- **ты что**: you … or what
- **тогда почему**: then why

- **не сдал меня полиции**: didn't turn me in
- **спасли мне жизнь**: saved my life
- **до полусмерти**: almost to death
- **и что**: so what
- **спрыгнуть**: jump off
- **двадцатиэтажного**: twenty-story
- **девушка**: girlfriend
- **бросила**: dumped
- **это того не стоит**: it's not worth it
- **осторожней**: more careful
- **в следующий раз**: next time
- **так сильно**: so much

Questions about the story

1. Что хулиганы хотели от Толи?

    a) Узнать, как пройти в библиотеку.

    b) Забрать его бумажник.

    c) Ничего, им просто было скучно.

2. Кто вызвал скорую и полицию?

    a) Дворник.

    b) Мама Толи.

    c) Хулиганы.

3. Как Толя помог Захару?

    a) Захар жил у его родителей.

    b) Он дал ему денег.

    c) Он помог ему найти работу и квартиру.

4. Почему Толя не сдал хулигана полиции?

    a) Он не узнал его.

    b) Этот хулиган и его друзья спасли Толе жизнь.

    c) Это был не тот, кто напал на Толю.

5. Почему Толя хотел спрыгнуть с крыши?

    a) Потому что его бросила девушка.

    b) Потому что он чувствовал себя униженным.

    c) Потому что он бросил свою девушку.

Answers

1. C
2. A
3. C
4. B
5. A

CHAPTER III

ИСПЫТАТЕЛЬНЫЙ СРОК

Когда **в детстве** наших родителей спрашивали **о профессии их мечты**, самыми популярными ответами были врач, учитель, инженер. Самые амбициозные мечтали стать **переводчиками**, **лётчиками** или **даже** космонавтами. Сегодня молодые люди мечтают стать **разработчиками**, программистами и дизайнерами.

Концепция **рабочего места** тоже изменилась. Сегодня чтобы иметь хорошую работу, **необязательно** выходить из дома. **Благодаря** Интернету и различным **приложениям** и программам, можно **общаться с** коллегами, **обмениваться** файлами, **обсуждать** проекты и быть с коллективом, **находясь** в разных городах или даже странах.

Я **увлекался** компьютерами ещё **со школьных лет**. Нет, я не просто играл в компьютерные игры и сидел **в социальных сетях**. Я хотел знать, как они работают, как **создаются** программы, как разрабатываются приложения. **Пока** мои друзья бегали **во дворе**, я сидел дома, читал и практиковался.

— Лёша, пошли **купаться на озеро**, — звали меня друзья летом, но я **изучал двоичный код**.

— Лёша, озеро **замёрзло**, пошли **кататься на коньках**, — звали меня зимой, но я пробовал разработать своё первое приложение. **Неудивительно**, что меня называли **ботаником**.

Я был **вознаграждён за свой труд**: я **легко поступил** в престижный университет и закончил его **с красным дипломом**. Когда **настало время** искать работу, я мог **подать заявки** в **десятки** фирм и меня **приняли бы**. Но меня **не устраивали** обыкновенные компании — я хотел работать в компании **будущего**. Я был **уверен**, что у меня есть все **необходимые навыки** и качества.

После **месяцев поисков** я нашёл, что искал. **Известная** компания **собиралась** открыть инновационную платформу для онлайн-**продаж**. Они искали менеджеров, разработчиков и дизайнеров для будущей **команды**. Я подал заявку, и меня приняли, даже **без собеседования**! **По крайне мере**, я так думал. **Оказалось**, они искали кандидатов **для испытательного срока**.

— Мы хотим посмотреть, — сказал менеджер **на общем собрании**, — как вы умеете **решать** проблемы, работать в команде, **применять** свои знания и принимать **решения**. Два месяца вы будете работать в этом большом офисе, а в конце испытательного срока мы **выберем** десять лучших кандидатов, которые будут создавать **торговую** платформу будущего. Чтобы вы могли отдавать всё своё время и энергию нашему проекту, мы будем **платить** вам неплохую **зарплату**.

Я был **в восторге**! Я буду создавать будущее! Я буду получать **бесценный опыт**, и мне за это будут платить! Я должен сделать **всё возможное**, чтобы стать одним из десяти лучших кандидатов и **доказать** всем, что я лучший.

В первые дни атмосфера в нашей команде была очень **напряжённой**. Мы **пытались понять**, кто есть кто. Мы все **считали** себя лучшими и **стремились** доказать это. Каждая новая **задача** была для нас **вызовом**. **Наверное**, поэтому наши первые проекты были не очень **успешными**. **Руководство** компании было **разочаровано** нами, а мы были разочарованы сами собой.

Однако через **пару** недель ситуация **изменилась**. Я думаю, мы просто **убедились** в том, что мы все **знаем своё дело**, имеем **отличные** знания и опыт. А ещё через неделю атмосфера стала очень **приятной** и дружественной. Я **хорошо ладил с ребятами**, но не со всеми. Один **парень** казался мне **странным**. **Точнее**, он казался странным не только мне.

Его звали Виталик. Он был **не похож на** нас. Он **вёл себя по-другому** и одевался по-другому. Он очень **редко шутил**, а если шутил, то его шуток никто не понимал. Он разговаривал с нами только о работе, мы ничего не знали о нём: сколько ему лет, откуда он, где он учился и работал, есть **ли** у него семья. Виталик носил **одну и ту же** одежду: чёрные джинсы и серую **майку**. **Короче говоря**, все считали его **чудаком**.

Должен сказать, что это не делало его плохим профессионалом. Несколько раз, когда никто из нас не мог решить задачу, Виталик **предлагал** решения, которые просто **поражали** нас. Но **рядом с** ним мы чувствовали себя **неловко**. Я не хотел бы **быть на его месте**. **Мне было жалко** Виталика. Я часто думал, что, может быть, ему нужна помощь. Может быть, у него какие-то проблемы.

Несколько раз я хотел поговорить с ним, или сесть рядом с ним за обедом, или пойти с ним вместе **до метро**. Но я **боялся**, что вся команда решит, что я тоже странный.

Время шло. Задачи и проекты становились **сложнее и сложнее**. Мы все старались балансировать — **одновременно** быть **частью команды** и демонстрировать свои **личные** навыки. Это было сложно и немного неприятно. Например, иногда, **анализируя** проект, менеджер мог спросить:

— Кто предложил **внедрить** эту функцию?

Мне хотелось сказать:

— Я! Это сделал я!

Но ребята могли подумать, что я **выскочка**. Тогда у меня будут плохие **отношения** с командой.

Напряжение чувствовалось и в личном общении. Часто после работы мы ходили в бар или просто на вечернюю прогулку. Мы веселились, шутили, рассказывали смешные истории, но мы все контролировали себя. И **кстати**, мы **не приглашали** Виталика. **В душе** мне было **стыдно** за это. Он не делал ничего плохого, но мы, наверное, просто не могли **простить** его за то, что он другой.

Мне также стыдно и за наше профессиональное отношение к нему. Мы могли рассказать руководству компании **о вкладе** наших коллег в проект, но мы никогда **не хвалили** Виталика. А иногда, если нужно было **объяснить** какой-нибудь **баг**, мы могли **намекнуть**, что это **вина** Виталика.

Оставалась неделя до окончания испытательного срока. Я был **практически** уверен, что меня примут на **постоянную** работу. Может быть, у меня было мало **опыта**, но я предложил много нестандартных решений и решил много задач. Я очень **гордился** собой. Все мои труды были **не напрасными**.

И вот прошло два месяца. Мы **собрались** в холле, и **старший** менеджер сказал:

— **Поздравляю! Вы отлично поработали**. Настало время узнать, кто из вас будет строить платформу будущего. Я приглашаю вас в офис **основателя** компании. Мы рассказывали ему о вашей работе. Он видел все приложения и проекты. Он уже **сделал выбор** и готов **объявить** его. Давайте поднимемся **наверх**.

Пока мы **поднимались по лестнице**, кто-то из ребят сказал:

— Смотрите, Виталик не пришёл. **Бедняга**, сам понимает, что у него нет шансов.

Многие **засмеялись**. Я тоже засмеялся, но в душе мне опять было жаль Виталика, и мне опять было стыдно за наше **поведение**. Но я не долго думал об этом. **Мне было интересно**, как **выглядит** основатель компании и какое решение он принял.

Мы вошли в **просторный** светлый офис и сели за большой круглый стол. Основатель компании сидел **к нам спиной**. Когда он **повернулся**, мы увидели... Виталика!

Я не получил ту работу. Не потому, что я **плохо относился к** Виталику, точнее к основателю компании. Мы все плохо к нему относились. Я просто **переоценил** свои знания и навыки. Я считал себя лучше всех. Это был самый **ценный урок** в моей жизни **как** для профессионала, **так и** для **личности**.

Краткое содержание истории

Лёша всегда увлекался компьютерами и программированием. Он уделял этому всё свободное время. Он очень гордился своими знаниями и навыками. После окончания университета он подал заявку на работу в компании, которая создавала платформу онлайн-продаж. Его и многих других взяли на испытательный срок. Через два месяца основатель компании должен был выбрать десять человек для постоянной работы.

Среди них был Виталик. Он всем казался странным. Команда не звала его с собой в бары и на прогулки, не рассказывала руководству о его вкладе в проект и намекала на то, что баги в приложениях — это его вина. В конце оказалось, что Виталик — основатель этой компании. Он не взял Лёшу на работу. Лёша понял, что переоценил свои знания и что было неправильно так обращаться с Виталиком.

Summary of the story

Lyosha has always been interested in computers and programming. He devoted all his free time to it. He was very proud of his knowledge and skills. After graduating from university, he applied for a job in a company that was creating an online sales platform. He and many others were given a trial. In two months, the founder of the company was to select ten people for permanent work.

Vitalik was among them. He seemed strange to everyone. The team didn't invite him to go to the bars and for walks with them; they didn't tell the management about his contribution to the project and hinted that the bugs in the applications were his fault. In the end, it turned out that Vitalik was the founder of that company. He didn't employ Lyosha. Lyosha understood he had overestimated his knowledge and that it was not right to treat Vitalik in such a way.

Vocabulary

- **испытательный срок**: probationary period
- **в детстве**: in childhood
- **о профессии их мечты**: about their dream profession
- **переводчиками**: translators (ablative)
- **лётчиками**: pilots (ablative)
- **даже**: even
- **разработчиками**: developers (ablative)
- **рабочего места**: working place (genitive)
- **необязательно**: not necessary
- **благодаря**: thanks to
- **приложениям**: applications (dative)
- **общаться с**: communicate with
- **обмениваться**: exchange
- **обсуждать**: discuss
- **находясь**: while staying
- **увлекался**: was into
- **со школьных лет**: since my school years
- **в социальных сетях**: in social networks
- **создаются**: are created
- **пока**: while
- **во дворе**: in the yard
- **купаться на озеро**: bathe in the lake
- **изучал двоичный код**: was studying the binary code
- **замёрзло**: got frozen
- **кататься на коньках**: skate
- **не удивительно**: no wonder
- **ботаником**: nerd (ablative)
- **вознаграждён за свой труд**: was rewarded for my work
- **легко поступил**: easily entered
- **с красным дипломом**: with honors
- **настало время**: time has come
- **подать заявки**: apply
- **десятки**: dozens
- **приняли бы**: would have accepted (subjunctive)
- **не устраивали**: were not good enough
- **будущего**: future (genitive)
- **уверен**: sure

- **необходимые навыки**: necessary skills
- **качества**: properties
- **месяцев поисков**: months of searching
- **известная**: famous
- **собиралась**: was going
- **продаж**: sales (genitive)
- **команды**: team (genitive)
- **без собеседования**: without an interview
- **по крайне мере**: at least
- **оказалось**: it turned out
- **для испытательного срока**: for a trial
- **на общем собрании**: at the general meeting
- **решать**: solve
- **применять**: apply
- **решения**: decisions
- **выберем**: will choose
- **торговую**: sales (adj)
- **платить**: pay
- **зарплату**: salary
- **в восторге**: thrilled
- **бесценный опыт**: priceless experience
- **всё возможное**: everything possible
- **доказать**: prove
- **напряжённой**: tense
- **пытались понять**: were trying to figure out
- **считали**: considered
- **стремились**: were striving
- **задача**: task
- **вызовом**: challenge (ablative)
- **наверное**: maybe
- **успешными**: successful
- **руководство**: management
- **разочаровано**: disappointed
- **пару**: a couple
- **изменилась**: changed
- **убедились**: made sure
- **знаем своё дело**: know our stuff
- **отличные**: excellent
- **приятной**: pleasant
- **хорошо ладил с ребятами**: got on well with the guys
- **парень**: guy
- **странным**: strange
- **точнее**: to be more exact
- **не похож на**: not like
- **вёл себя**: behaved
- **по-другому**: differently
- **редко шутил**: rarely told jokes
- **ли**: if
- **одну и ту же**: the same

- **майку**: T-shirt (accusative)
- **короче говоря**: long story short
- **чудаком**: weirdo (ablative)
- **должен сказать**: I must say
- **предлагал**: suggested
- **поражали**: amazed
- **рядом с**: beside
- **неловко**: uneasy
- **быть на его месте**: be in his shoes
- **мне было жалко**: I felt pity for
- **до метро**: to the underground
- **боялся**: was afraid
- **сложнее и сложнее**: more and more complicated
- **одновременно**: at the same time
- **частью команды**: part of the team
- **личные**: personal
- **анализируя**: when analyzing
- **внедрить**: implement
- **выскочка**: upstart
- **отношения**: relationships
- **напряжение**: tension
- **кстати**: by the way
- **не приглашали**: didn't invite
- **в душе**: in soul
- **стыдно**: ashamed
- **простить**: forgive
- **о вкладе**: about the contribution
- **не хвалили**: didn't praise
- **объяснить**: explain
- **баг**: bug
- **намекнуть**: hint
- **вина**: fault
- **оставалась**: was left
- **практически**: almost
- **постоянную**: permanent
- **опыта**: experience (genitive)
- **гордился**: was proud
- **не напрасными**: not vain
- **собрались**: gathered
- **старший**: senior
- **поздравляю**: congratulations
- **вы отлично поработали**: you did a great job
- **основателя**: founder (genitive)
- **сделал выбор**: made his choice
- **объявить**: announce
- **наверх**: upstairs

- **поднимались по лестнице**: were going up the stairs
- **бедняга**: poor thing
- **засмеялись**: started laughing
- **поведение**: behavior
- **мне было интересно**: I wondered
- **выглядит**: looks
- **просторный**: spacious
- **к нам спиной**: with his back to us
- **повернулся**: turned around
- **плохо**: badly
- **относился к**: treated
- **переоценил**: overestimated
- **ценный урок**: valuable lesson
- **как…так и**: both…and
- **личности**: personality (genitive)

Questions about the story

1. Чем увлекался Лёша со школьных лет?

   a) Плаванием.

   b) Компьютерами.

   c) Катанием на коньках.

2. Как долго длился испытательный срок в компании?

   a) 2 месяца.

   b) 2 года.

   c) 2 недели.

3. Чего не делал Виталик?

   a) Носил одну и ту же одежду.

   b) Много шутил.

   c) Редко шутил.

4. Куда команда не приглашала Виталика?

   a) В новые проекты.

   b) На общие собрания.

   c) В бары и на прогулки.

5. Кем оказался Виталик?

   a) Чудаком.

   b) Плохим разработчиком.

   c) Основателем компании.

Answers

1. B
2. A
3. B
4. C
5. C

CHAPTER IV

НЕЗАБЫВАЕМЫЙ ДЕНЬ РОЖДЕНИЯ

У всех бывают дни, когда **всё идёт кувырком. Начиная с будильника**, который вы не услышали утром, и **заканчивая пригоревшим** ужином. В такие дни **кажется**, что ты самый большой **неудачник на свете** и что твоей **прежней** счастливой жизни никогда не было. Но **наступает** следующий день, в котором **всё идёт как по маслу**: ты приходишь на работу вовремя, а ужин **удаётся на славу**.

Двадцать второго декабря прошлого года я надеялся, что мой день **пройдёт по второму сценарию. Ещё бы**, это был мой тридцать пятый день рождения! **Нужно сказать**, я **обожаю** этот праздник. Я люблю **сравнивать** себя с самим собой год назад, анализировать свои **достижения** и успехи. Я **не могу дождаться**, когда узнаю, какие подарки и сюрпризы мне приготовили жена, дети и друзья.

Моя жена **обладает** одной **удивительной способностью**: она **запоминает** любые мои **желания,** которые я **произношу вслух**. Например, в прошлом году, ещё летом, я в разговоре **упомянул**, что у меня в телефоне **совсем мало памяти**. Что я **получил** на день рождения зимой? **Флешку** на 32ГБ!

Наши дети ещё школьники и, **естественно**, не зарабатывают деньги, но они всегда **придумывают** удивительные **творческие** подарки. Два года назад про меня написали огромное **стихотворение**.

Мы всегда готовим большой ужин и приглашаем много гостей. Конечно, для нас с женой этой **огромный труд** и **немалые затраты**, но **это того стоит**.

Так вот, в этому году я готовился к обычному дню рождения и чувствовал себя, как ребёнок, который не может дождаться утра, чтобы распаковать **новогодний подарок**. Я не знал, как много сюрпризов готовил для меня **завтрашний день**. **Увы**, эти сюрпризы были **далеко не** приятными.

Всё началось с того, что утром ко мне в спальню забежали дети, поздравили меня и сказали:

— **Папочка**, прости, но нас не будет на ужине. У нас в школе **экскурсия** в другой город. **С ночёвкой**. Мы так давно **мечтали** туда поехать! Там будет парк аттракционов, аквапарк и **конная прогулка**!

Признаюсь честно, мне было **неприятно**. Мы уже были и в парке аттракционов, и в аквапарке, а три года назад моя дочь вообще **заявила**, что **боится лошадей**. Потом я подумал: «Может, это и **к лучшему**. В конце концов, дети **требуют много внимания**, а на празднике нужно **уделять** время гостям».

— Хорошо, мои **дорогие**. Я всё понимаю!

Следующий «сюрприз» был от моей жены.

— Послушай, — сказала она за завтраком, — я знаю, что ты обожаешь свой день рождения и любишь праздничный ужин, который мы устраиваем для друзей и родных, но **я так больше не могу**.

— **В смысле?** — не понял я.

— Это всё не для меня. Каждый такой праздник — **настоящее наказание**. Сначала я готовлю еду, потом **подаю её на стол**, потом **убираю со стола**... **В общем**, я **отменила сегодняшний** ужин.

Сначала я не мог **поверить своим ушам**. Оля не любит принимать гостей? Оля отменила ужин, даже **не посоветовавшись** со мной?

— Оля, ты, **должно быть, шутишь**, — **предположил** я с надеждой в голосе, **ожидая**, что она громко **рассмеётся**.

Но **вместо этого**, моя жена сказала:

— Ты знаешь, я **устала притворяться**. Это не **единственная** вещь, которая мне не нравится в наших отношениях.

— Ты говоришь мне это после двенадцати лет **брака, да ещё и** в мой день рождения?

— Да, прости. Я знаю, это **неподходящее** время, но...

— Хорошо, **обсудим** это вечером. Я **опаздываю** на работу, — **перебил** я жену.

Я не буду **описывать**, что я чувствовал в тот момент. Думаю, вы понимаете, что все мои эмоции были отрицательными. Я сел в свою машину, но она **не завелась. Отлично! И машина туда же!** Я вышел из гаража, и увидел машину моего коллеги и хорошего друга. Он как раз **проезжал мимо** и согласился **подбросить** меня до работы.

Он весело поздравил меня с днём рождения, а когда заметил, что я **в плохом настроении**, то **просто замолчал. За это я и люблю Андрея** — он знает, когда нужно просто **помолчать**.

Наверное, Андрей был очень **озабочен моим состоянием**, потому что он **буквально преследовал** меня в офисе. Я **хотел было сказать** ему, что **у меня всё в порядке**, но тут меня **позвал** к себе **начальник**.

«**Долгожданное повышение**?» — подумал я.

Начальник долго говорил что-то о моём **вкладе в** успех компании и том, что я один из лучших **сотрудников. Именно поэтому** я **чуть не упал со стула**, когда услышал:

— Но, понимаешь, сейчас в стране кризис. Нам нужно **сократить** одного **бухгалтера**... **Боюсь**, это будешь ты.

Это было **слишком**! Слишком для одного дня! Слишком для одного человека! Слишком для дня рождения, в конце концов!

Я не помню, что ответил начальнику. Все в офисе были **в шоке**, когда узнали, что меня сокращают.

— Можешь **отвезти** меня домой? - попросил я Андрея.

По дороге домой мы оба молчали. Мне совсем не хотелось ничего обсуждать.

— **Неужели** вся моя жизнь — **обман**? — думал я. — Я думал, что у нас с женой **идеальные отношения**, но, **оказывается**, она **несчастна**. Я думал, что получу повышение, а меня **уволили**. Я думал, что у меня будет отличный день рождения, **но даже** мои дети не хотят отпраздновать его вместе со мной!»

Уже **на пороге** своего дома я **всё-таки поделился** с другом своими мыслями и **предложил** ему лучше поехать в бар. Андрей **отговорил** меня. И вот я уже открыл дверь, одна моя нога **переступила через** порог, когда Андрей **вдруг** сказал:

— Я должен **признаться**! Это я порекомендовал сократить тебя!

— Что?! — **заорал** я.

Я собирался **оттолкнуть** Андрея и просто **бежать куда глаза глядят**. Мой друг оказался **быстрее** и **толкнул** меня так сильно, что я **очутился** в своей **прихожей**, а потом...

Яркий свет, **хлопушки**, аплодисменты, смех и **крики** «поздравляем»! Моя жена, наши родственники и друзья, наши дети и даже мой начальник — все они **радостно** улыбались, поздравляли меня и задавали **один и тот же** вопрос:

— **Наш розыгрыш удался**?

Я долго не мог понять, **что происходит**. Потом я **ощутил прилив счастья**: я думал, что потерял семью, работу и друга, но это всё оказалось розыгрышем. Но сказал я **следующее**:

— **Вы с ума сошли**? Я ведь мог **всё что угодно** сделать в таком состоянии!

— Именно поэтому, **дружище**, я и **был рядом** весь день! — **подмигнул** Андрей.

— И **кстати**, Костя, я **готов** повысить тебя, — **помахал** мой начальник.

— Ужин готов! — улыбнулась Оля, — Мне **не терпится** начать всем **прислуживать**, а потом мыть с тобой **посуду до поздней ночи**.

— Папа, можно мы возьмём твою гитару? — спросил сын. — Она нужна нам для поздравления.

Я **до сих пор** не знаю, **безопасно ли** делать людям такие сюрпризы, но мне понравилось!

Краткое содержание истории

Костя обожает свой день рождения. Костя и его жена всегда делают в этот день большой ужин и приглашают много гостей. В день рождения Кости дети сказали, что их не будет на ужине, потому что они едут на экскурсию в другой город. Жена сказала, что отменила ужин, потому что не любит принимать гостей. Она добавила, что недовольна многими вещами в их отношениях. Костина машина не завелась, и до работы его подбросил коллега и друг Андрей. Затем начальник уволил Костю. Андрей отвез Костю домой. Андрей признался, что это он порекомендовал сократить Костю.

Дома оказалось, что это был розыгрыш. Костя не знает, безопасно ли делать такие сюрпризы, но ему понравилось.

Summary of the story

Kostya loves his birthday. Kostya and his wife always cook a big dinner on this day and invite lots of guests. On Kostya's birthday, his kids said they wouldn't be present at the dinner because they were going on a tour to another city. Olya said she had canceled the dinner because she didn't like to receive guests. She added that she was unhappy about many things in their relationship. Kostya's car didn't start and his colleague and friend Andrey gave him a lift to work. Then the boss fired Kostya. Andrey took Kostya home. Andrey confessed that it was he who had advised making Kostya redundant.

At home, it turned out that it was all a prank. Kostya doesn't know if it was safe to cause such surprises, but he liked it.

Vocabulary

- **незабываемый**: unforgettable
- **всё идёт кувырком**: everything goes off the rails
- **начиная с**: starting with
- **будильника**: alarm-clock (genitive)
- **заканчивая**: finishing
- **пригоревшим**: burned
- **кажется**: seems
- **неудачник**: loser
- **на свете**: in the world
- **прежней**: previous
- **наступает**: comes
- **всё идёт как по маслу**: everything runs like clockwork
- **удаётся на славу**: is a success
- **пройдёт по второму сценарию**: will go according to the second scenario
- **ещё бы**: you should think so
- **нужно сказать**: I must say
- **обожаю**: adore
- **сравнивать**: compare
- **достижения**: achievements
- **успехи**: success (plural)
- **не могу дождаться**: can't wait
- **обладает удивительной способностью**: has an amazing ability
- **запоминает**: remembers
- **желания**: wishes
- **произношу вслух**: say aloud
- **упомянул**: mentioned
- **совсем мало памяти**: very little memory
- **получил**: got
- **флешку**: flash card (accusative)
- **естественно**: naturally
- **придумывают**: come up with
- **творческие**: creative
- **стихотворение**: poem
- **огромный труд**: a lot of work
- **немалые затраты**: no small expenses
- **это того стоит**: that is worth it
- **так вот**: now then
- **новогодний подарок**: New Year's present

- **завтрашний день**: tomorrow
- **увы**: alas
- **далеко не**: anything but
- **всё началось с того, что**: everything started with the fact that
- **папочка**: daddy
- **экскурсия**: tour
- **с ночёвкой**: with overnight stop
- **мечтали**: dreamed
- **конная прогулка**: horse-riding expedition
- **признаюсь честно**: frankly speaking
- **неприятно**: unpleasant
- **заявила**: declared
- **боится лошадей**: afraid of horses
- **к лучшему**: for the better
- **в конце концов**: after all
- **требуют много внимания**: require much attention
- **уделять**: devote
- **дорогие**: sweeties
- **праздничный**: festive
- **устраиваем**: throw
- **я так больше не могу**: I can't do it anymore
- **в смысле**: what do you mean
- **настоящее наказание**: pure punishment
- **подаю её на стол**: serve it to the table
- **убираю со стола**: clean the table
- **в общем**: bottom line
- **отменила**: cancelled
- **сегодняшний**: today's
- **поверить своим ушам**: believe my ears
- **не посоветовавшись**: unsolicited advice
- **должно быть, шутишь**: must be joking
- **предположил**: supposed
- **ожидая**: expecting
- **рассмеётся**: will laugh out loud
- **вместо этого**: instead
- **устала притворяться**: tired of pretending
- **единственная**: only
- **брака**: marriage (genitive)
- **да ещё и**: on top of that
- **неподходящее**: unsuitable
- **обсудим**: will discuss
- **опаздываю**: running late
- **перебил**: interrupted

- **описывать**: describe
- **не завелась**: didn't start
- **отлично**: great
- **и машина туда же**: and the car has to do the same
- **проезжал мимо**: was driving by
- **подбросить**: give a lift
- **в плохом настроении**: in a bad mood
- **просто замолчал**: just fell silent
- **за это я и люблю Андрея**: that is what I love Andrey for
- **помолчать**: be silent for a while
- **озабочен**: concerned with
- **моим состоянием**: my state (ablative)
- **буквально преследовал**: was literally following
- **хотел было сказать**: was about to tell
- **у меня всё в порядке**: I'm fine
- **позвал**: called
- **начальник**: boss
- **долгожданное повышение**: long-awaited promotion
- **вкладе в**: contribution to (prepositional)
- **сотрудников**: employees
- **именно поэтому**: that is exactly why
- **чуть не упал со стула**: almost fell off the chair
- **сократить**: make redundant
- **бухгалтера**: accountant (genitive)
- **боюсь**: I'm afraid
- **слишком**: too much
- **в шоке**: shocked
- **отвезти**: take
- **по дороге домой**: on the way home
- **неужели**: is it possible
- **обман**: a lie
- **идеальные отношения**: perfect relationship
- **оказывается**: turns out
- **несчастна**: unhappy (short, female)
- **уволили**: fired
- **но даже**: but even
- **на пороге**: on the doorstep
- **всё-таки**: nonetheless
- **поделился**: shared
- **предложил**: suggested
- **отговорил**: talked out of

- **переступил через**: stepped across the threshold
- **вдруг**: suddenly
- **признаться**: confess
- **заорал**: yelled
- **оттолкнуть**: push aside
- **бежать куда глаза глядят**: run a mile
- **быстрее**: faster
- **толкнул**: pushed
- **очутился**: found myself
- **прихожей**: hallway (ablative)
- **яркий свет**: bright light
- **хлопушки**: party poppers
- **крики**: shouts
- **радостно**: joyfully
- **один и тот же**: one and the same
- **наш розыгрыш удался**: has our prank come off
- **что происходит**: what's going on
- **ощутил прилив счастья**: felt a surge of happiness
- **следующее**: the following
- **вы с ума сошли**: have you gone mad
- **всё что угодно**: anything
- **дружище**: buddy
- **был рядом**: was there
- **подмигнул**: winked
- **кстати**: by the way
- **готов**: ready
- **помахал**: waved
- **не терпится**: can't wait
- **прислуживать**: wait on
- **посуду**: dishes
- **до поздней ночи**: till late at night
- **до сих пор**: up to now
- **безопасно**: safe
- **ли**: if

Questions about the story

1. Как Костя обычно празднует свой день рождения?

   a) С другом Андреем в баре.

   b) С семьёй и друзьями дома.

   c) С детьми в парке аттракционов.

2. Что подарили Косте его дети два года назад?

   a) Стихотворение про него.

   b) Песню под гитару.

   c) Флешку для телефона.

3. Кто отменил праздничный ужин?

   a) Жена Кости, не посоветовавшись с ним.

   b) Жена Кости, посоветовавшись с ним.

   c) Костя, посоветовавшись с женой.

4. Что ожидал Костя от начальника?

   a) Что он его сократит.

   b) Что он придёт на его день рождения.

   c) Что он его повысит.

5. Почему Андрей весь день преследовал Костю?

   a) Он хотел поговорить с Костей.

   b) Он следил, чтобы с Костей всё было в порядке.

   c) Он хотел узнать, почему Костя в плохом настроении.

Answers

1. B
2. A
3. A
4. C
5. B

CHAPTER V

СВОЁ СОБСТВЕННОЕ МНЕНИЕ

С раннего детства мои родители **учили** меня иметь своё мнение. Мама всегда говорила:

— Таня, если ты увидишь что-то **по телевизору**, это **не значит**, что это **правда**. Если все думают, что **короткие юбки** — это красиво, это не значит, что это правда. Если твои **сверстники** думают, что твоя любимая музыка **старомодная**, это не значит, что они **правы**. У всех есть **право** на своё мнение.

Конечно же, меня учили **прислушиваться ко мнению** взрослых. Мои родители не хотели, чтобы я **выросла упрямой**. Папа всегда говорил:

— Лучше **учись на чужих ошибках**, чем на своих.

Я очень благодарна им за эти уроки. Когда я была **подростком,** мне было непросто им **следовать. Ну, знаете,** когда тебе пятнадцать, тебе **одновременно** хочется и **выделяться из толпы**, и быть как все. Например, я не любила **современную** поп-музыку, мне всегда нравился рок **восьмидесятых** и **девяностых**. Я **стеснялась** своих **вкусов**, потому что все мои **подружки** были **без ума** от модных хитов.

Когда мама с папой **узнали** о том, что я слушаю любимую музыку **тайком**, они рассказали мне эту историю...

Мои родители родились и познакомились **в** маленьком **провинциальном городке**. Они **стали встречаться**, когда им было шестнадцать. Мои бабушки и дедушки очень **переживали,** что эта **влюблённость** будет **отвлекать** их от **учёбы.** Но мои родители были **ответственными ребятами.** Они **оба** хорошо учились в школе, отлично **сдали экзамены** и **поступили** в университеты.

Мама интересовалась **иностранными языками** и поступила в лингвистический университет. Она стала студенткой **лучшей** группы — там учились студенты, которые **набрали больше всего баллов.**

Мой папа решил поступать **на заочное отделение.** Он говорил:

— Мне **надоело** учиться. Я хотел зарабатывать деньги, помогать своей семье и покупать подарки для твоей мамы.

Он поступил в **академию искусств** и хотел стать **телеоператором.**

Он очень боялся, что мама **уедет в** большой город, найдёт другого парня и забудет его. К счастью, мама **оказалась верной** девушкой. **Вот что** она говорила:

— Другие парни? **Во-первых,** я очень любила твоего папу и **безумно скучала** по нему. **Во-вторых,** у меня просто не было времени! Я училась **день и ночь**!

Мама рассказывала, что не любила большой **столичный** город, в котором она училась. Все её друзья говорили:

— Я сделаю **всё возможное,** чтобы остаться здесь и никогда не вернуться **в нашу дыру**!

Мама слушала их и **молчала.** Ей было **стыдно признаться,** что ей не нравится шум и **суета** большого города, что она чувствует себя **неуютно.**

— Я думала, **это пройдёт** и я **привыкну,** — говорила она, — но этого не произошло. Плюс, все мои родственники говорили, что меня ждёт **блестящая** карьера. Большой город даёт столько **возможностей**. А ты учишь три иностранных языка!

Мама понимала, что ей будет трудно **применить свои знания** в маленьком городе. Там нет фирм, которые работают с иностранными клиентами. Там нет **переводческих агентств**. **Единственный** вариант — это учитель иностранного языка. **Кстати**, маме этот вариант очень нравился, но это выглядело так не престижно. Все её друзья хотели стать **юристами**, адвокатами, дипломатами, переводчиками.

— **Не подумай**, что я была несчастной, — сказала мама, когда рассказывала эту историю. — Я нашла хороших подруг, мы **весело проводили время**. Ты же знаешь, мы и сегодня **поддерживаем связь, хотя** все живём в разных городах и **даже** разных странах. Просто я беспокоилась о будущем. Мне не нравилась жизнь в большом городе, а мои друзья и родственники **считали** это престижным.

В это время мой папа жил **в родном городе**. Мои бабушка с дедушкой купили ему его первую видеокамеру, и он начал **снимать** различные праздники: **свадьбы**, дни рождения, юбилеи. **У него отлично получалось**. Людям нравилось, как он работает, и **вскоре** папа стал хорошо зарабатывать. Он купил новую камеру, и **баловал** маму подарками. Однако он был очень **занят**, и они с мамой очень **редко виделись**. Даже когда у мамы были каникулы, и она приезжала домой.

Но два раза в год папа приезжал **в столицу** в университет, чтобы сдать экзамены и получить **учебные материалы**. **На третьем курсе** он тайком **подал заявку** на центральный **телеканал**. **К тому времени** у него было большое портфолио! Папа **с нетерпением ждал** ответа, но никто ему не звонил. Он сдал все экзамены и собирался возвращаться домой. Он уже **упаковал**

чемодан, когда ему позвонили с телевидения и попросили приехать **на собеседование**. После недолгого **испытательного срока** папа получил работу!

Конечно же, все им **гордились**! Парень из провинциального города, студент, — и работает на центральном телевидении! В его родном городе это стало сенсацией. Конечно же, мама тоже была рада. Теперь они с папой могли **всё время** быть вместе. Папа **снял квартиру**, и мама **переехала к нему**. Однако они **всё равно** виделись редко. Папа много работал, а мама всё время училась — она была **одной из лучших** студенток.

Когда мама **окончила университет**, **ректор** пригласил её на собеседование. Он предложил ей остаться в университете и работать **преподавателем**.

— Я **должна была** радоваться, — говорила мама, — это лучший лингвистический университет страны! Мои **одногруппники** могли только **мечтать об** этом. Они все **пытались** найти работу в столице, но это было непросто. Многие из них не смогли найти работу, **связанную с** иностранными языками, и стали работать **официантами**. У них была **цель** — жить в этом большом городе.

Родители моей мамы были **в восторге**. Её друзья **завидовали** ей. А она не чувствовала себя счастливой.

— Я **провела** в этом городе пять лет, но **не полюбила** его, — говорила она. — Все **поздравляли** меня, а я не знала, что делать.

Но мама очень любила папу, и она знала, что ему очень нравится его работа. Плюс, он был **на хорошем счету**, ему **повысили зарплату**. Он мог построить блестящую карьеру. Поэтому мама решила остаться в столице **ради** папы, но она не могла **врать**, поэтому она **собрала своё мужество** и сказала:

— **Дорогой**, я хочу **с тобой поговорить**. Я знаю, что **и** у тебя, **и** у меня хорошая работа. Все говорят, что этот город даёт нам много возможностей, но... Я хочу **вернуться** домой. Я не хочу здесь жить, но ради тебя я **попробую**.

Папа **внимательно** посмотрел на неё и сказал:

— **Фу-уф! Слава Богу!** Я тоже хотел с тобой поговорить. Я **терпеть не могу** этот город, но ты получила такую хорошую работу. Я **собирался** остаться здесь ради тебя. **Поехали домой**!

Само собой разумеется, что все их родственники и друзья считали, что это **неправильно. Упускать** такие возможности! Но у моих родителей было своё мнение, и они **ни разу не пожалели** об этом.

На следующий день после этой истории я рассказала подружкам, что я не люблю поп-музыку, и дала им послушать свои любимые **песни**. Они были в шоке, но это было моё мнение.

Краткое содержание истории

Родители Тани всегда учили её иметь своё собственное мнение. Когда Таня была подростком, она любила старую рок-музыку и стеснялась этого. Она слушала её тайком. Её родители рассказали ей одну историю.

Они оба выросли в провинциальном городе. Её папа получил работу на столичном телевидении, когда был ещё студентом, а маме предложили остаться преподавать в университете после того, как она его окончила. Однако им обоим не нравился большой город, хотя все говорили, что он даёт много возможностей. Родители Тани вернулись в родной город и никогда не жалели об этом. После этой истории Таня рассказала подругам о любимой музыке.

Summary of the story

Tanya's parents have always taught her to have her own opinion. When Tanya was a teenager, she liked old rock music, but she was embarrassed about it. She would listen to it secretly. Her parents told her one story.

They both grew up in a provincial town. Her dad got a job at a capital-based TV channel when he was still a student, and her mom was offered to stay and teach at the university she had graduated from. However, they both didn't like the big city, although everyone said it offered lots of opportunities. Tanya's parents returned to their native town and never regretted it. After that story, Tanya told her friends about her favorite music.

Vocabulary

- **своё собственное мнение**: one's own opinion
- **с раннего детства**: since early childhood
- **учили**: taught
- **по телевизору**: on TV
- **не значит**: doesn't mean
- **правда**: truth
- **короткие юбки**: short skirts
- **сверстники**: age-mates
- **старомодная**: old-fashioned
- **правы**: right (adj)
- **право**: right (noun)
- **прислушиваться ко мнению**: pay heed to
- **выросла упрямой**: grow up to be stubborn
- **учись на чужих ошибках**: learn from other people's mistakes
- **подростком**: teenager (ablative)
- **следовать**: follow
- **ну знаете**: well, you know
- **одновременно**: simultaneously
- **выделяться из толпы**: stand out from the crowd
- **современную**: modern
- **восьмидесятых**: eighties (genitive)
- **девяностых**: nineties (genitive)
- **стеснялась**: was embarrassed about
- **вкусов**: tastes (genitive)
- **подружки**: friends (female, colloquial)
- **без ума**: crazy about
- **узнали**: learned
- **тайком**: secretly
- **в провинциальном городке**: in a provincial town
- **стали встречаться**: began dating
- **переживали**: were concerned
- **влюблённость**: being in love
- **отвлекать**: distract
- **учёбы**: studies
- **ответственными ребятами**: responsible guys
- **оба**: both
- **сдали экзамены**: passed exams

- **поступили**: entered
- **иностранными языками**: foreign languages (ablative)
- **самой лучшей**: the best
- **набрали больше всего баллов**: scored the highest points
- **на заочное отделение**: off-campus education
- **надоело**: had enough of
- **академию искусств**: arts academy
- **телеоператором**: television cameraman (ablative)
- **уедет в**: will leave for
- **оказалась верной**: turned out to be faithful
- **вот, что**: here is what
- **во-первых**: firstly
- **безумно скучала**: missed like hell
- **во-вторых**: secondly
- **день и ночь**: day and night
- **столичный**: capital (adj)
- **всё возможное**: anything possible
- **в нашу дыру**: to our dump
- **молчала**: was silent
- **стыдно признаться**: was ashamed to confess
- **суета**: hustle

- **неуютно**: uncomfortable (adverb)
- **это пройдёт**: this will pass
- **привыкну**: will get used to
- **блестящая**: brilliant
- **возможностей**: opportunities (genitive)
- **применить свои знания**: apply her knowledge
- **переводческих агентств**: translation agencies (genitive)
- **единственный**: the only
- **кстати**: by the way
- **юристами**: lawyers
- **не подумай**: don't get me wrong
- **весело проводили время**: had fun
- **поддерживаем связь**: stay in touch
- **хотя**: although
- **даже**: even
- **считали**: considered
- **в родном городе**: in native town
- **снимать**: film (verb)
- **свадьбы**: weddings
- **у него отлично получалось**: he did great
- **вскоре**: soon

- **баловал**: indulged (transitive)
- **занят**: busy
- **редко виделись**: rarely saw each other
- **в столицу**: to the capital
- **учебные материалы**: study materials
- **на третьем курсе**: in the third year
- **подал заявку**: applied for
- **телеканал**: TV channel
- **к тому времени**: by that time
- **с нетерпением ждал**: was looking forward to
- **упаковал чемодан**: packed the suitcase
- **на собеседование**: for a job interview
- **испытательного срока**: probationary period (genitive)
- **гордились**: took pride in
- **всё время**: all the time
- **снял квартиру**: rented an apartment
- **переехала к нему**: moved in with him
- **всё равно**: still
- **одной из лучших**: one of the best
- **окончила университет**: graduated from university
- **ректор**: university president
- **преподавателем**: instructor (ablative)
- **должна была**: was to
- **одногруппники**: group mates
- **мечтать об**: dream about
- **пытались**: tried
- **связанную с**: connected with
- **официантами**: waiters (plural, ablative)
- **цель**: goal
- **в восторге**: elated
- **завидовали**: envied
- **провела**: spent
- **не полюбила**: didn't grow to love
- **поздравляли**: congratulated
- **на хорошем счету**: in good standing
- **повысили зарплату**: raised salary
- **ради**: for the sake of
- **врать**: lie

- **собрала своё мужество**: gathered her courage
- **дорогой**: honey
- **с тобой поговорить**: talk to you
- **и...и**: both...and
- **вернуться**: return
- **попробую**: will try
- **внимательно**: attentively
- **фууф**: whew
- **слава Богу**: thank God
- **терпеть не могу**: can't stand
- **собирался**: was going to
- **поехали домой**: let's go home
- **само собой разумеется**: it goes without saying
- **неправильно**: not right
- **упускать**: miss
- **ни разу не пожалели**: haven't regretted a single time
- **песни**: songs

Questions about the story

1. Какая музыка нравилась Тане?

   a) Старый рок.

   b) Современный рок.

   c) Поп-музыка.

2. Почему папа Тани поступил на заочное отделение?

   a) Он плохо сдал экзамены.

   b) Он хотел зарабатывать деньги.

   c) Он не хотел уезжать из родного города.

3. Какую работу ректор предложил маме Тани?

   a) Официантки.

   b) Юриста.

   c) Преподавателя.

4. Почему мама Тани собиралась остаться в столице?

   a) Ей нравился большой город.

   b) Ради папы Тани.

   c) Она мечтала работать в университете.

5. Что Таня сделала после того, как услышала историю родителей?

   a) Рассказала подругам о любимой музыке.

   b) Решила уехать в столицу.

   c) Полюбила поп-музыку.

Answers

1. A
2. B
3. C
4. B
5. A

CHAPTER VI

СЕКРЕТЫ ДОЛГОЖИТЕЛЕЙ

Ещё **с древних времён** люди **пытались** найти ответ на вопрос: как прожить долгую и здоровую жизнь. Некоторые даже пытались **раскрыть тайну бессмертия**, чтобы жить **вечно**. К счастью или нет, но никому **пока что** не **удалось разгадать эту загадку**. А вот **что касается** возможности отпраздновать **столетний юбилей** и увидеть **праправнуков**, то, похоже, есть некоторые рекомендации, которых стоит **придерживаться**. Давайте спросим **долгожителей**, которым **есть, чем поделиться**.

Кто такие долгожители? Это люди, которым девяносто и более лет. Есть два **вида** долгожителей: **верифицированные** и не верифицированные. **Другими словами,** те, которые могут **подтвердить** свой возраст официальными документами, и те, кто не может этого сделать. Топ 10 верифицированных долгожителей планеты полностью **состоит из** женщин. **Возглавляет** этот список **гражданка** Франции Жанна Кальман. Она прожила целых сто двадцать два года и сто шестьдесят четыре дня!

В возраст неофициальных долгожителей **вообще** трудно поверить. **Говорят,** что один житель Китая умер, когда ему было двести пятьдесят шесть лет! Что ж, верить в это или нет — **решать вам.** Мы хотим рассказать вам немного о долгожителях нашей планеты. Они сами отвечают на вопрос, как им **удалось** прожить **больше века**.

И у самой Жанны, и у её **знакомых**, и врачей есть свои варианты ответа на вопрос, почему женщина прожила так долго. Сама Кальман объясняет это тем, что **постоянно употребляла в пищу** оливковое **масло** и фрукты. Её знакомые **добавляют** в диету и другие **составляющие**: шоколад и вино. **Зять** долгожительницы **считал немаловажным** и её позитивное **отношение к** жизни — и это **несмотря на то, что** она потеряла мужа, дочь, внука, племянницу и всех других родственников. Именно поэтому Жанна окончила свои дни **в доме престарелых**.

Удивительно, но **вплоть до** ста пятнадцати лет Кальман была **заядлой курильщицей**. Она бросила эту **пагубную привычку** только потому, что **ослепла** и уже не могла самостоятельно **прикуривать** сигарету. Она единственная долгожительница, которая имела **подобное пристрастие**. Остальные **либо** курили мало, **либо** не курили вовсе.

Начиная со сто десятого дня рождения, к Жанне приезжали репортёры, о ней также сняли документальный фильм. Женщину нисколько **не смущало** такое внимание **общественности**. Она говорила, что для того и прожила столько лет, чтобы стать знаменитой.

Когда Кальман было девяносто лет, она **заключила договор с адвокатом** Франсуа Раффе. **Согласно** договору, Франсуа должен был **ежемесячно** выплачивать ей 2 500 франков, а Жанна **обязалась** отдать ему свой дом после смерти. Однако Жанна **пережила** адвоката, и в итоге дом **обошёлся** его семье в три раза дороже его реальной стоимости.

И **напоследок**, ещё одна **догадка**: Жанна никогда не работала, ведь у неё был очень богатый муж. Теннис, велосипедный спорт, посещение оперы, плавание, катание на роликах — вот, что было центром её жизни.

Сара Кнаусс, 119 лет, США

Сара **признана старейшей** из когда-либо живших жительниц США. За время жизни Сары её **родина** успела **поучаствовать** в семи войнах и сменить двадцать три президента.

В возрасте ста семнадцати лет Кнаусс признали старейшей жительницей планеты. Когда её родственники сообщили ей об этом, она просто ответила: «**Ну и что**?»

Когда Сару спрашивали о секрете её **долголетия**, она рекомендовала избегать стресса, **не волноваться по мелочам** и не думать о своём возрасте.

Кстати, возможно, что долголетие **передаётся по наследству**. Единственная дочь Сары дожила до ста одного года.

Эмма Морано, 117 лет, Италия

Эмма родилась в большой семье, где кроме неё **воспитывалось** ещё семь детей. Её мать и тётя, а также некоторые из братьев и сестёр прожили более девяноста лет, а одна из сестёр дожила до ста двух лет.

Морано объясняет своё долголетие двумя составляющими: диетой из **сырых** яиц и печенья, а также **одиночеством**. Неудивительно, ведь её единственный **брак** был несчастливым, и **хотя** супруги были официально женаты, **фактически** они были **разведены**. Единственный ребёнок Эммы умер в шестимесячном возрасте.

Давайте **разбавим** наш список мужчинами. Хоть они и не входят **в десятку** лидеров, их личности тоже **достойны** нашего внимания.

Дзироэмон Кимура, 116 лет, Япония

Жизнь и советы Кимуры **разительно отличаются от** предыдущих долгожительниц. **В отличие от** Жанны Кальман Дзироэмон проработал 45 лет. Мужчина **трудился** в почтовом **отделении**, а после **выхода на пенсию** много работал на ферме.

Кроме того, Кимура был **многодетным отцом**. На момент смерти у него было семь детей, четырнадцать внуков, двадцать пять правнуков и девять праправнуков. Последние годы он жил в семье старшего сына и **высоко ценил** поддержку своих родных.

В отличие от американки Сары Кнаусс, которую титул старейшей жительницы планеты не обрадовал, Кимура был очень рад получить титул старейшего мужчины Японии.

Дзироэмон объяснял своё долголетие физической активностью и **умеренностью в пище**. Он говорил, что даже если еда очень вкусная, есть её следует в меру.

Долгожитель умер не от старости, а от **воспаления лёгких**.

Уолтер Брюнинг, 114 лет, США

Тот факт, что Уолтер начал работать уже в четырнадцатилетнем возрасте, **не помешал** ему прожить более ста лет. Кстати, именно активный труд он считает одним из важнейших секретов долголетия и рекомендует выходить на пенсию **как можно позже**. Может быть, именно благодаря **трудолюбию** и активной социальной жизни Брюнинг сохранил **ясность мышления** вплоть до самой смерти.

Он также советовал **сократить** количество **потребляемой** пищи. Сам Уолтер ел только два раза в день. Завтрак, обед и никакого ужина.

Брюнинг также рекомендовал помогать людям и поддерживать отношения с друзьями. Его жена умерла после тридцати пяти лет брака, детей у них не было, но многие в доме престарелых считали Брюнинга частью своей семьи.

Исраэль Криштал, 113 лет, Польша

Читая биографию Исраэля, **удивляешься**, как ему **в своё время** удалось стать старейшим живым мужчиной планеты. Во время **Второй Мировой войны** двое его детей умерли **в гетто**, а жена — **в концлагере Освенцим**. Когда сам Криштал **был освобождён** оттуда, его **вес составлял** всего тридцать три килограмма.

Позднее мужчина смог **взять себя в руки** и наладить свою жизнь. Он женился во второй раз, у него было двое детей, а **переехав** в Израиль, Исраэль открыл своё **кондитерское дело**. Даже **в глубокой старости** мужчина делал сладости на дому.

Иудей по вероисповеданию, Исраэль был очень религиозным человеком. Когда его спрашивали о секрете его долголетия, мужчина просто **поднимал** палец вверх. Однако его дочь считает, что дело в **особом** отношении её отца к жизни. Он считал, что любые **трудности можно преодолеть** и никогда **не выходил из себя**.

Итак, каковы же секреты долгой жизни? Не ходить на работу или уйти на пенсию в поздней старости? Иметь большую семью или не иметь вовсе? Какие советы показались вам **самыми полезными**?

Краткое содержание истории

Ещё с древних времён люди хотели узнать, как прожить долгую жизнь. Давайте спросим долгожителей.

Жанна Кальман прожила 122 года. Она ела много оливкового масла, фруктов и шоколада, а также пила вино. Она очень позитивно относилась к жизни. Жанна никогда не работала, активно занималась спортом.

Сара Кнаусс прожила 119 лет. Она советовала не волноваться по мелочам и не думать о своём возрасте.

Эмма Морано прожила 117 лет. Своим секретом она называет диету из сырых яиц и печенья, а также одиночество.

Японец Дзироэмон Кимура прожил 116 лет. Его секрет — физическая активность и умеренность в еде.

Уолтер Брюнинг прожил 113 лет. Он советовал всем работать как можно дольше. Уолтер ел только два раза в день, вёл активную социальную жизнь и сохранил ясность мышления до самой смерти.

Исраэль Криштал прожил 113 лет. Он был очень религиозным, и считал, что это Бог подарил ему долголетие.

Summary of the story

Since ancient times, already people wanted to find out how to live a long life. Let's ask long-livers how they did it.

Jeanne Calment lived 122 years. She ate lots of olive oil, fruit and chocolate and drank wine, too. She had a very positive attitude to life. Jeanne never worked and did lots of sports.

Sarah Knauss lived 119 years. She advised not to worry about trifles and not to think about one's age.

Emma Morano lived 117 years. This is the diet of raw eggs and cookies, as well as loneliness that she names as the secret.

The Japanese Jiroemon Kimura lived 116 years. His secret is physical activity and moderation in food.

Walter Breuning lived 113 years. He advised everyone to work as long as possible. Walter ate only two times a day, led an active social life and kept the clarity of mind up to his death.

Izrael Cryzstal lived 113 years. He was religious and considered that it was God who gave him his longevity.

Vocabulary

- **с древних времён**: since ancient times
- **пытались**: tried
- **раскрыть тайну бессмертия**: reveal the mystery of immortality
- **вечно**: forever
- **пока что**: so far
- **удалось**: managed
- **разгадать эту загадку**: solve this puzzle
- **что касается**: what concerns
- **столетний юбилей**: centenary
- **праправнуков**: great-grandsons
- **придерживаться**: keep to
- **долгожителей**: long-livers
- **есть, чем поделится**: have something to share
- **вида**: kinds (genitive)
- **верифицированные**: verified
- **другими словами**: in other words
- **подтвердить**: confirm
- **состоит из**: consists of
- **возглавляет**: heads
- **гражданка**: citizen (female)
- **вообще**: in general
- **говорят**: they say
- **решать вам**: it's up to you to decide
- **удалось**: managed
- **больше века**: more than a century
- **знакомых**: acquaintances (genitive)
- **постоянно употребляла в пищу**: constantly consumed
- **масло**: oil
- **добавляют**: add
- **составляющие**: components
- **зять**: son-in-law
- **считал немаловажным**: considered not insignificant
- **отношение к**: attitude to
- **несмотря на то, что**: despite the fact that
- **в доме престарелых**: in a care home
- **вплоть до**: up to
- **заядлой курильщицей**: heavy smoker (ablative, female)
- **пагубную привычку**: addiction (accusative)

- **ослепла**: got blind
- **прикуривать**: light-up
- **подобное пристрастие**: such a weakness
- **либо ... либо**: either ... or
- **начиная со**: starting with
- **не смущало**: didn't embarrass
- **общественности**: public (genitive)
- **заключила договор**: made a contract
- **с адвокатом**: with a lawyer
- **согласно**: according to
- **ежемесячно**: monthly
- **обязалась**: pledged herself
- **пережила**: outlived
- **обошёлся**: turned out
- **напоследок**: the last thing
- **догадка**: guess
- **признана старейшей**: acclaimed the oldest
- **родина**: motherland
- **поучаствовать**: take part
- **ну и что**: so what
- **долголетия**: longevity (genitive)
- **не волноваться по мелочам**: not to worry about trifles
- **передаётся по наследству**: runs in the family
- **воспитывалось**: were brought up
- **сырых**: raw
- **одиночеством**: loneliness (ablative)
- **брак**: marriage
- **хотя**: although
- **фактически**: practically
- **разведены**: divorced
- **разбавим**: break
- **в десятку**: the top 10
- **достойны**: are worth
- **разительно отличаются от**: stand in stark difference to
- **в отличие от**: unlike
- **трудился**: worked
- **отделении**: department (ablative)
- **выхода на пенсию**: retirement (genitive)
- **многодетным отцом**: multi-child father
- **высоко ценил**: highly appreciated
- **умеренностью в пище**: moderation in food
- **воспаления лёгких**: pneumonia
- **тот факт, что**: the fact that

- **не помешал**: didn't prevent
- **как можно позже**: as late as possible
- **трудолюбию**: hard-working nature (dative)
- **ясность мышления**: clarity of mind
- **сократить**: cut down on
- **потребляемой**: consumed
- **удивляешься**: get amazed
- **в своё время**: in his time
- **второй мировой войны**: World War II
- **в гетто**: in ghetto
- **в концлагере Освенцим**: in the concentration camp Auschwitz
- **был освобождён**: was liberated
- **вес составлял**: weight amounted
- **взять себя в руки**: pull himself together
- **переехав**: having moved
- **кондитерское дело**: confectionery business
- **в глубокой старости**: at an extreme old age
- **иудей**: Judaist
- **по вероисповеданию**: by confession
- **поднимал**: raised
- **особом**: special
- **трудности можно преодолеть**: hardships are possible to overcome
- **не выходил из себя**: didn't lose temper
- **самыми полезными**: the most valuable

Questions about the story

1. Почему Жанна Кальман бросила курить?

   a) Она ослепла и не могла покупать сигареты.

   b) Она хотела прожить долгую жизнь.

   c) Она ослепла и не могла сама прикурить сигарету.

2. Что советовала людям Сара Кнаусс?

   a) Думать о своём возрасте.

   b) Не волноваться о мелочах.

   c) Лечить стресс.

3. Почему Эмма Морано была одинокой?

   a) Она развелась с мужем, а ребёнок умер.

   b) Её муж и ребёнок умерли.

   c) Она сама этого хотела.

4. Какой совет относительно еды давал Дзироэмон Кимура?

   a) Есть только вкусную еду.

   b) Есть только еду со своей фермы.

   c) Есть умеренно.

5. Что Исраэль Кришлтал считал секретом своего долголетия?

   a) Божью помощь.

   b) Своё отношение к жизни.

   c) Свой спокойный характер.

Answers

1. C
2. B
3. A
4. C
5. A

CHAPTER VII

ЮРИЙ ГАГАРИН

Люди всегда **стремились к** новым **достижениям. Когда-то** достижением **считалось изобретение колеса**, а сейчас люди **запускают спутники** и мечтают о том, что будут **летать в космос** просто на экскурсию. **Кто знает**, может быть, мы скоро сможем **бронировать билеты** на космические шаттлы. Люди уже летали в космос, и сегодня **это не новость**.

Однако двадцать первого апреля 1961 года все газеты писали **об одном** — человек **впервые побывал** в космосе. Этим человеком был Юрий Гагарин. **После полёта в космос** он стал **знаменитым на весь мир.** Гагарин получил **звание Героя Советского Союза** и даже **был приглашён** к британской **королеве** Елизавете II. Его любили **на родине** и **за границей**. От его улыбки **таял лёд холодной войны.**

Интересно, что история великого **космонавта** началась в маленькой деревне **на западе** СССР. Его первое **образование никак не связано** с космосом. **После окончания** школы Юра **поступил в училище**, чтобы стать **литейщиком! Мог ли он представить**, что станет первым космонавтом? Итак, как же это **произошло**?

Когда Гагарин ещё был студентом, он начал **посещать авиаклуб**. Это было очень серьёзное увлечение. Он **изучал строение самолёта**, летал на нём сто девяносто шесть **раз** и научился **прыгать с парашютом.**

В двадцать один год Гагарина **призвали в армию**. Он **служил в училище для лётчиков**. Он должен был **сдать два экзамена**: практический и теоретический. Второй **оказался** для него **сложнее** первого. Юрий не мог правильно **посадить самолёт**. После многих **неудачных попыток** его хотели **отчислить**, но Гагарин «не мог жить без неба» — это были его собственные слова. Ему дали **ещё один** шанс. **Директор** училища **заметил**, что Юрий **гораздо ниже** других студентов. Его **рост** был всего сто пятьдесят семь сантиметров. **Следующий раз** Гагарин сдавал экзамен, **сидя на подкладке**, и **у него получилось**! Гагарин стал профессиональным **военным** лётчиком.

В 1959 году в СССР начали **подбирать кандидатов** для полёта в космос. **Не удивительно**, что претендентов выбирали из лётчиков: у них есть **похожий опыт**. Гагарин сам **подал заявку** и стал **одним из** двадцати кандидатов. Для них была **создана специальная** военная база. Гагарин **переехал** туда с женой Валентиной и маленькой дочкой. Через год в семье **родилась** ещё одна девочка.

Подготовка к полёту **занимала** у Гагарина очень много времени. Он должен был **соответствовать строгим требованиям**. Выходные, когда будущий космонавт мог быть дома, были **настоящим праздником** для его семьи. Гагарин старался **уделять как можно больше внимания** своим дочерям. Они вместе играли в спортивные игры, ездили **на природу**. Девочки **обожали** слушать, как он читает им **стихи**. В доме было много **питомцев**: кошки, собаки, **белки** и даже **утята**.

Гагарин не сказал жене, когда **именно** он полетит в космос, но написал ей **письмо, на случай если погибнет**. В этом письме он говорит, что **верит в лучшее** и **доверяет космическому кораблю**. Однако он **признаёт**, что может умереть. Он просит жену **не убиваться по нему** и продолжать жить, потому что жизнь — это жизнь, и никто **не застрахован от смерти**. Он также просит жену **воспитать** хороших дочерей и не забывать его родителей. Гагарин упоминает и **о личной жизни** жены: если он погибнет, она свободна начать **новые отношения**. И, конечно же, он говорит о том, как сильно любит их всех.

Валентина прочитала это письмо только через семь лет, когда Гагарин **трагически** погиб **при крушении самолёта**, которым **управлял**. Она больше **не вышла замуж**, и **посвятила** свою жизнь детям. Старшая дочь Гагарина — **искусствовед**, а младшая — **доктор экономических наук**.

Но космический полёт **прошёл отлично**! Он **длился** сто восемь минут. **Нам остаётся только воображать**, что чувствовал Гагарин во время полёта, о чём он думал и что видел. Космонавт катапультировался и **приземлился на обычном поле** между двумя деревнями. Кто же **встретил** героя? Оркестр и **красная дорожка**? Нет, это была обычная **крестьянка** и её внучка, которые работали в поле. Конечно же, позже Гагарин прилетел в Москву на **торжественную** встречу **с правительством** и людьми. Для всех он стал настоящим супергероем. **Кстати**, когда Гагарин сошёл с самолёта и шёл по красной дорожке, у него **развязался шнурок** — **всё-таки** он был обычным человеком.

После полёта **государство щедро наградило** Гагарина. Он получил большую **квартиру**, новую машину, **внушительную** сумму денег и много других подарков. Космонавт получал **бесконечные приглашения** посетить различные страны. Гагарин побывал в **Чехословакии**, **Югославии**, **Великобритании**, Франции, Египте и других странах. Во Франции ему подарили дорогую спортивную машину, но Гагарин **редко пользовался** ей в СССР: она очень **выделялась среди** других машин, и **скромный** космонавт чувствовал себя **неловко**.

Особенно интересным был его визит в Великобританию. Он встретился с литейщиками Лондона (помните, это была его первая профессия), премьер-министром и даже самой королевой Елизаветой II. Это было очень **волнительным событием как** для космонавта, **так и** для королевы. Елизавета II даже **нарушила королевский этикет**: она сфотографировалась с Гагариным. Когда ей сказали, что это **не по правилам**, она ответила, что Гагарин не **земной** человек, а **небесный**, поэтому правил она не нарушила.

Гагарин, **в свою очередь**, был **под огромным впечатлением**. Представьте, он родился и вырос в деревне и всегда считал себя простым **парнем**, а это был **настоящий дворец** и настоящая королева. Космонавт не мог **поверить**, что всё это реально. **Позже** он рассказывал, что **специально дотронулся до** королевы, чтобы **убедиться**, что она настоящая. Елизавета II только улыбнулась **в ответ**.

За обедом королева заметила, что Гагарин **сомневается**, как **правильно** пользоваться **столовыми приборами**. Тогда она сказала:

— Мой дорогой **господин** Гагарин, я родилась и выросла во дворце, но поверьте мне, я **до сих пор** не знаю, **в каком порядке** я должна пользоваться всеми этими **вилками** и **ножами**.

Есть ещё одна история об этом визите, но никто не знает, правда **ли** это. **Говорят**, что когда Гагарин **допил** чай с лимоном, он не знал, что делать **с кусочком** этого **кислого** фрукта. Тогда он просто **достал его из** чашки и съел. **Участники** обеда **были удивлены**, а королева достала свой кусочек и сделала **то же самое. С тех пор** это стало традицией в королевской семье.

Полёт в космос **сильно изменил** жизнь Гагарина. Он активно участвовал в общественной жизни страны, был членом многих организаций и не мог просто выйти на улицу: его окружали люди и просили автографы. Несмотря на свои заслуги, Гагарин не перестал развиваться и расти: он получил высшее образование, совершенствовал свои навыки лётчика и готовился к новому полёту в космос…

Но, как вы знаете, Гагарин трагически погиб. Это случилось в 1968 году. Вместе с опытным инструктором, героем Советского Союза, он тренировался управлять военным самолётом. Никто не знает точно, что произошло, но самолёт разбился, и оба пилота погибли. Это стало трагедией для семьи космонавта и для всей страны. В СССР был объявлен траур.

В мире существует множество памятников Гагарину, в его честь названы улицы, про него написаны десятки песен, сняты документальные и художественные фильмы.

Краткое содержание истории

Юрий Гагарин — первый человек, который побывал в космосе. Он родился и вырос в маленькой деревне, окончил училище, работал литейщиком. В молодости посещал авиаклуб, где научился управлять самолётом. Гагарин служил в специальном училище для лётчиков и работал военным пилотом. У него была жена и две дочери.

После полёта в космос он стал знаменитым во всём мире. Его приглашали в разные страны. Он даже встречался с королевой Елизаветой II. При этом Гагарин оставался скромным и простым человеком. После полёта в космос он активно участвовал в жизни страны, получил высшее образование. Знаменитый космонавт погиб во время тренировочного полёта спустя семь лет после полёта в космос.

Summary of the story

Yuri Gagarin was the first man who has been to outer space. He was born and grew up in a small village. He graduated from a technical vocational school and worked as a steel worker. In his youth, he attended an aero club, where he learned to pilot an aircraft. Gagarin served in a special academy for pilots and worked as a military pilot. He had a wife and two daughters.

After the space flight, he became world-famous. He was invited to different countries. He even met Queen Elizabeth II. With that, Gagarin remained a modest and easy-going man. After the space flight, he took an active part in the life of the country and got higher education. The famous cosmonaut died during a training flight seven years after the space flight.

Vocabulary

- **стремились к**: strived for
- **достижениям**: achievements (dative)
- **когда-то**: once
- **считалось**: was considered
- **изобретение колеса**: invention of the wheel
- **запускают спутники**: launch satellites
- **летать в космос**: fly to space
- **кто знает**: who knows
- **бронировать билеты**: book tickets
- **это не новость**: it's not big news
- **однако**: however
- **об одном**: about one thing
- **впервые побывал**: has been for the first time
- **после полёта в космос**: after the space flight
- **знаменитым на весь мир**: world-wide famous
- **звание Героя Советского Союза**: title of Hero of the Soviet Union
- **был приглашён**: was invited
- **королеве**: queen (dative)
- **на родине**: at home (in his country)
- **за границей**: abroad
- **таял лёд холодной войны**: the ice of the Cold War was melting
- **космонавта**: cosmonaut (genitive)
- **на западе**: in the West
- **образование**: education
- **никак не связано**: in no way connected
- **после окончания**: after finishing
- **поступил в училище**: entered a vocational school
- **литейщиком**: steel worker (ablative)
- **мог ли он представить**: could he imagine
- **произошло**: happened
- **посещать авиаклуб**: attend aero club
- **изучал строение самолёта**: studied the construction of the plane
- **раз**: times

- **прыгать с парашютом**: jump with parachute
- **призвали в армию**: called up for military service
- **служил**: served
- **в училище для лётчиков**: in an academy for pilots
- **сдать два экзамена**: take two exams
- **оказался**: turned out
- **сложнее**: more difficult
- **посадить самолёт**: land a plane
- **неудачных попыток**: unsuccessful attempts (genitive)
- **отчислить**: dismiss
- **ещё один**: another
- **директор**: principal
- **заметил**: noticed
- **гораздо ниже**: much shorter
- **рост**: height
- **следующий раз**: next time
- **сидя на подушке**: sitting on a pad
- **у него получилось**: he succeeded
- **военным**: military
- **подбирать кандидатов**: select candidates
- **не удивительно**: no wonder
- **похожий опыт**: similar experience
- **подал заявку**: applied
- **одним из**: one out of
- **создана**: was created
- **специальная**: special
- **переехал**: moved
- **родилась**: was born
- **подготовка к**: preparation for
- **занимала**: took
- **соответствовать**: comply with
- **строгим требованиям**: strict requirements
- **настоящим праздником**: a real holiday (ablative)
- **уделять как можно больше внимания**: pay as much attention as possible
- **на природу**: in the wild
- **обожали**: adored
- **стихи**: poems
- **питомцев**: pets (genitive)
- **белки**: squirrels
- **утята**: ducklings
- **именно**: exactly
- **письмо**: letter
- **на случай если погибнет**: in case he dies

- **верит в лучшее**: believes in the best
- **доверяет космическому кораблю**: trusts the spaceship
- **признаёт**: admits
- **не убиваться по нему**: not to grieve beyond measure for him
- **не застрахован от**: not ensured against
- **смерти**: death (genitive)
- **воспитать**: bring up
- **о личной жизни**: about private life
- **новые отношения**: new relationship
- **трагически**: tragically
- **при крушении самолёта**: during a plane crash
- **управлял**: piloted
- **не вышла замуж**: didn't marry (about females)
- **посвятила**: devoted to
- **искусствовед**: art expert
- **доктор экономических наук**: doctor of Economics
- **прошёл отлично**: went great
- **длился**: lasted
- **нам остаётся только воображать**: we can only imagine
- **приземлился на обычном поле**: landed on a usual field
- **встретил**: met
- **красная дорожка**: red carpet
- **крестьянка**: peasant (female)
- **торжественную**: solemn
- **с правительством**: with the government
- **кстати**: by the way
- **развязался шнурок**: a shoe-lace untied
- **всё-таки**: still
- **государство**: state
- **щедро наградило**: rewarded generously
- **квартиру**: apartment (accusative)
- **внушительную**: impressive
- **бесконечные приглашения**: endless invitations
- **Чехословакии**: Czechoslovakia
- **Югославии**: Yugoslavia
- **Великобритании**: Great Britain

- **редко**: rarely
- **пользовался**: used
- **выделялась среди**: stood out among
- **скромный**: modest
- **неловко**: uneasy
- **особенно**: especially
- **волнительным событием**: exciting event
- **как...так и**: both...and
- **нарушила королевский этикет**: committed a break of the royal etiquette
- **не по правилам**: against the rules
- **земной**: earthly
- **небесный**: heavenly
- **в свою очередь**: in his turn
- **под огромным впечатлением**: under great impression
- **парнем**: guy (ablative)
- **настоящий**: real
- **дворец**: palace
- **поверить**: believe
- **позже**: later
- **специально**: deliberately
- **дотронулся до**: touched
- **убедиться**: make sure
- **в ответ**: in response
- **за обедом**: at lunch

- **сомневается**: is in doubt
- **правильно**: correctly
- **столовыми приборами**: flatware (ablative)
- **господин**: mister
- **до сих пор**: up to now
- **в каком порядке**: in what order
- **вилками**: forks (ablative)
- **ножами**: knives (ablative)
- **ли**: if
- **говорят**: they say
- **допил**: drank up
- **с кусочком**: with a piece
- **кислого**: sour
- **достал его из**: took it out of
- **участники**: participants
- **были удивлены**: were surprised
- **то же самое**: the same
- **с тех пор**: since then
- **сильно изменил**: changed a lot
- **участвовал в общественной жизни**: took part in social life
- **членом**: member (ablative)
- **просто выйти на улицу**: just go outside
- **окружали**: surrounded

- **автографы**: autograph notes
- **несмотря на свои заслуги**: despite his merits
- **развиваться**: develop
- **высшее образование** higher education
- **совершенствовал свои навыки**: polish up his skills
- **готовился**: was getting ready
- **как вы знаете**: as you know
- **точно**: for sure
- **разбился**: crashed
- **оба**: both
- **объявлен траур**: mourning was declared
- **памятников**: memorials (genitive)
- **в его честь**: in his honor
- **десятки песен**: dozens of songs
- **художественные**: fiction

Questions about the story

1. Какая была первая профессия Гагарина?

    a) Военный лётчик.
    b) Литейщик.
    c) Космонавт.

2. Почему Гагарин не мог правильно посадить самолёт на экзамене?

    a) Он был ниже других студентов.
    b) У него было мало опыта.
    c) У него было мало навыков.

3. Сколько времени длился первый космический полёт?

    a) 180 минут.
    b) 108 минут.
    c) 118 минут.

4. Что Гагарин не получил от государства?

    a) Квартиру.
    b) Машину.
    c) Личный самолёт.

5. Зачем Гагарин дотронулся до королевы?

    a) Чтобы убедить, что она настоящая.
    b) Чтобы позже рассказать об этом друзьям.
    c) Чтобы она помогла ему со столовыми приборами.

Answers

1. B
2. A
3. B
4. C
5. A

CHAPTER VIII
НЕПРИЯТНЫЙ СЮРПРИЗ

Маша и Артём **поженились** три года назад. **Как и** у многих молодых пар, у них не было **собственного жилья**, и они **снимали квартиру**. Квартира была светлая и **просторная**, в ней была новая **мебель** и **техника**, и она была расположена **в тихом районе** недалеко от центра города. **Кроме того**, у них были просто **замечательные** соседи, которые не **устраивали шумные вечеринки** и были очень дружелюбными.

Но Маша и Артём **мечтали о собственном жилье**. Конечно же, **лучше всего было бы** иметь **частный** дом, но они были **согласны** и на квартиру. **Главное**, чтобы это жильё **принадлежало** только им.

— У **съёмного жилья** много **недостатков**, — говорил Артём. — Ты **никогда не знаешь**, когда **хозяин** придёт и **проверит, всё ли в порядке**. Ты всегда боишься сломать технику или **испачкать** мебель, и **в любой момент** хозяин может продать квартиру, и **нам придётся** искать новую. А **оплата**? **Я лучше** буду **выплачивать кредит** за свой дом, **чем** каждый месяц платить **аренду**.

Маша была с ним согласна. Она **увлекалась** дизайном интерьера и хотела сама **выбрать** мебель, **цвет краски** для стен и **обои**. Кроме того, она всегда мечтала иметь собаку, а хозяин их съёмной квартиры **не разрешал держать питомцев**. А **если бы им удалось** купить частный дом, Маша **бы выращивала** цветы, а Артём **посадил бы яблони**.

Поэтому **молодая пара** часто **отказывала себе** в модной одежде, путешествиях и других дорогих вещах — они **копили деньги**. Но **у них это плохо получалось**. Маша работала **учительницей пения** в школе, а Артём был **водителем автобуса**. По вечерам он ходил на курсы экономистов и **надеялся** в будущем **получить** хорошую работу. Им много раз приходилось **разбивать свою копилку**, чтобы **оплатить счета** или просто купить **продукты**. Тогда они решили **открыть сберегательный счёт**. **Снять деньги со счёта** сложнее, чем разбить **глиняную** копилку.

Маша и Артём всегда **просматривали объявления** в Интернете и газетах. Они надеялись найти **доступное** и **в то же время** хорошее жильё. **Однажды** они нашли его, но их ждал **неприятный** сюрприз...

Маша была на работе, когда Артём позвонил ей и сказал **взволнованным голосом**:

— Мне нужно поговорить с тобой **немедленно**!

— Но я сейчас на уроке, — **шёпотом** ответила Маша.

— Попроси кого-нибудь **подменить** тебя и приезжай домой. **Кажется**, я нашёл идеальный дом.

Как только Маша услышала это, она попросила свою коллегу подменить её и **помчалась** домой.

— Смотри, — сказал Артём, — Этот частный дом продаётся **за полцены**.

— Тебе не кажется это **подозрительным**? — спросила Маша.

— **Сначала** я тоже так подумал, но я **созвонился с продавцом**. Дом старый, но **ещё крепкий**. В нём давно никто не живёт, там нет мебели, и дом **нуждается в капитальном ремонте**: нужно заменить **полы** и **покрасить** стены… Плюс, **владелец** дома скоро **переезжает в другую страну**, поэтому он хочет продать дом **как можно скорее**.

— **Допустим**, — согласилась Маша, — Но мы **всё равно** не можем его **себе позволить**. У нас **не хватит** денег.

— **Давай возьмём кредит**.

— Нам всё равно не хватит.

— Я могу **одолжить** немного у своего брата.

— Хорошо. Давай сначала посмотрим на этот дом, — согласилась Маша.

Оба влюбились в дом **с первого взгляда**. Он был небольшой, но **уютный**. Да, ремонт будет стоить очень **дорого**, а мебель **ещё больше**, но всё можно делать **постепенно**.

Маша и Артём сняли деньги со счёта, взяли кредит в банке и одолжили денег у брата Артёма. Ещё им пришлось **взять в рассрочку** матрас и **самую необходимую** технику: **плиту** и холодильник.

За эти деньги им удалось купить дом и сделать ремонт **в спальне**. Много месяцев они жили только в этой комнате, **стирали одежду руками**, использовали **деревянный ящик** как стол и **хранили вещи** в коробках. Но они были **бесконечно** счастливы! Деньги, которые раньше **уходили на аренду**, они откладывали на ремонт. Иногда им удавалось **выделить** деньги на уютные **мелочи**, например, **коврик в ванную** или **зеркало**. Но большой ремонт **оставался** мечтой.

Маша **шутила**:

— **Зато** у нас есть **куча времени**, чтобы спланировать дизайн нашего дома!

Через полгода Артём свои и получил новую работу. Он стал **зарабатывать в два раза больше**, и **вскоре** молодая пара была готова к **долгожданному** ремонту.

— Я хочу **снести** стену **между гостиной** и кухней и поставить **вместо** неё **барную стойку**, — **предложила** Маша.

— **Отличная** идея! — согласился Артём. — Но сначала нам нужно **вызвать строителей**, чтобы они сказали, можно **ли** сносить эту стену. Я не хочу, чтобы наш дом **рухнул**.

Строители **осмотрели** стену и сказали, что её можно сносить **прямо сейчас**.

Вскоре строители начали работу. Стена **выглядела** очень **прочной**, но после первого **удара** её часть рухнула, **как будто** была сделана **из тонкого стекла**. Когда **облако пыли рассеялось**, Маша, Артём и строители **открыли рты от удивления. За** стеной была **потайная комната**! Она была **крошечная**, но это была комната! В ней стоял стул, стол, книжная полка и большой, длинный **сундук**.

— **О, ребята**! Наверное, **нам повезло**! — **воскликнул** один из строителей. — Эти вещи выглядят очень старыми и могут **стоить целое состояние**!

— Подождите, — сказал Артём, — сначала нужно **выяснить**, что это.

И мебель, **и** книги оказались **по-настоящему** старыми. Книги были **опубликованы** в конце **девятнадцатого века**.

— **Ух ты**! Это настоящий **клад**! — **радовалась** Маша. — **Интересно**, что в этом сундуке. Можно я его открою?

— Конечно, — согласились все.

Однако через секунду Маша **пожалела о** том, что захотела

открыть сундук. Когда она **подняла крышку**, то **закричала от ужаса** — в сундуке лежал **скелет человека**!

— Я думаю, мы должны **вызвать полицию**, — сказал Артём, когда все **успокоились**.

Вскоре дом был **полон** полицейских, детективов, экспертов по **искусству** и специалистов из лаборатории. Они осматривали **найденные предметы**, делали фотоснимки и что-то **обсуждали** друг с другом.

Пока они работали, Маша **с грустью** сказала:

— Теперь нам придётся продать дом. Я не хочу жить в доме, в котором, **возможно, убили** человека. **Вдруг** здесь жил **какой-нибудь маньяк**?

— Успокойся, Маша, — сказал Артём спокойным голосом. — Мы просто снесём эту стену и **забудем** об этом.

— Нет, — **плакала** Маша. — Нам придётся продать дом **за бесценок** и снова жить на съёмной квартире!

— Прошу прощения за то, что **вмешиваюсь**, — сказал главный детектив, — но, боюсь, вам придётся остаться в этом доме.

— Почему? — спросили Маша и Артём в один голос.

— Мы осмотрели скелет, и он… **Пластиковый**.

— Что?!! — молодая пара **не могла поверить своим ушам**…

Через месяц полиция **провела полную экспертизу** найденных вещей. **Оказалось**, они принадлежали **известному** профессору анатомии девятнадцатого века. Никто **так и не узнал**, как они **попали** в этот дом и кто построил потайную комнату, но Маша, Артём и строители получили **огромное вознаграждение**. За эти деньги они **не только** закончили ремонт, **но и** выплатили кредит, **вернули долг** брату Артёма и съездили в путешествие.

Краткое содержание истории

Маша и Артём — молодая пара. Они жили в съёмной квартире, но мечтали о собственном доме и копили на него деньги. Однажды Артём нашёл дом, который продавался за полцены, потому что дом нуждался в капитальном ремонте. Они взяли кредит в банке, одолжили денег у брата Артёма и купили дом.

Когда они делали ремонт, то решили снести стену между гостиной и кухней. Когда строители начали сносить стену, они обнаружили в ней потайную комнату со старой мебелью и книгами. В большом длинном сундуке Маша нашла скелет человека. Они вызвали полицию. Оказалось, что этот скелет пластиковый; все вещи принадлежали профессору анатомии девятнадцатого века. Маша, Артём и строители получили большое вознаграждение. Молодая пара смогла закончить ремонт и расплатиться с долгами.

Summary of the story

Masha and Artyom are a young couple. They lived in a rental apartment but dreamed about having a house of their own and were saving money for it. One day Artyom found a house that was sold at half-price because the house needed capital repairs. They took a loan in the bank and borrowed money from Artyom's brother and bought the house. When they were doing repairs, they decided to knock down the wall between the sitting room and the kitchen.

When the builders were knocking the wall down, they found a secret room inside with old furniture and books. In a big long chest, Masha found a human skeleton. They called the police. It turned out the skeleton was plastic — all the things belonged to an anatomy professor of the nineteenth century. Masha, Artyom and the builders got a big reward. The couple managed to finish the repairs and pay out the debts.

Vocabulary

- **неприятный**: unpleasant
- **поженились**: got married
- **как и**: like
- **собственного жилья**: own house (genitive)
- **снимали квартиру**: were renting an apartment
- **просторная**: spacious
- **мебель**: furniture
- **техника**: appliances
- **в тихом районе**: in a quiet neighborhood
- **кроме того**: besides
- **замечательные**: great
- **устраивали шумные вечеринки**: threw noisy parties
- **мечтали о собственном жилье**: were dreaming about their own house
- **лучше всего было бы**: it would be best
- **частный**: private
- **согласны**: agree
- **главное**: main thing
- **принадлежало**: belong
- **съёмного жилья**: rental housing (genitive)
- **недостатков**: disadvantages (genitive)
- **никогда не знаешь**: you never know
- **хозяин**: owner
- **проверит, всё ли в порядке**: will check if everything is ok
- **испачкать**: stain
- **в любой момент**: at any moment
- **нам придётся**: we'll have
- **оплата**: payment
- **я лучше...чем**: I'd rather...than
- **выплачивать кредит**: pay out a loan
- **аренду**: rent (accusative)
- **увлекалась**: was into
- **выбрать**: choose
- **цвет краски**: paint color
- **обои**: wallpaper
- **не разрешал держать питомцев**: didn't allow to keep pets
- **если бы им удалось**: if they managed (subjunctive)
- **бы выращивала**: would grow (subjunctive)

- **посадил бы яблони**: would plant apple trees (subjunctive)
- **молодая пара**: young couple
- **отказывала себе в**: denied themselves on
- **копили деньги**: were saving money
- **у них это плохо получалось**: they were bad at it
- **учительницей пения**: singing teacher (ablative, female)
- **водителем автобуса**: bus driver (ablative)
- **надеялся**: hoped
- **получить**: get
- **разбивать свою копилку**: break their piggy bank
- **оплатить счета**: pay the bills
- **продукты**: food
- **открыть сберегательный счёт**: open a savings account
- **снять деньги со счёта**: withdraw money from an account
- **глиняную**: clay
- **просматривали объявления**: were looking through ads
- **доступное**: affordable
- **в то же время**: at the same time
- **однажды**: one day
- **взволнованным голосом**: in an excited voice
- **немедленно**: immediately
- **шёпотом**: in a whisper
- **подменить**: cover for
- **кажется**: seems
- **как только**: as soon as
- **помчалась**: rushed
- **за полцены**: at half-price
- **подозрительным**: suspicious
- **сначала**: at first
- **созвонился с продавцом**: called the seller
- **ещё крепкий**: still robust
- **нуждается в капитальном ремонте**: needs capital repairs
- **заменить полы**: replace the floor
- **покрасить**: paint
- **владелец**: owner

- **переезжает в другую страну**: is moving to another country
- **как можно скорее**: as soon as possible
- **допустим**: let's assume it
- **всё равно**: still
- **себе позволить**: afford
- **не хватит**: won't have enough
- **давай возьмём кредит**: let's take a loan
- **одолжить**: borrow
- **посмотрим**: look at
- **оба влюбились в**: both fell in love with
- **с первого взгляда**: at first sight
- **уютный**: cozy
- **дорого**: expensive
- **ещё больше**: still more
- **постепенно**: gradually
- **взять в рассрочку**: buy in installments
- **самую необходимую**: the most essential
- **плиту**: cooker (accusative)
- **в спальне**: in the bedroom (prepositional)
- **стирали одежду руками**: washed clothes with hands
- **деревянный ящик**: wooden crate
- **хранили вещи**: kept things
- **бесконечно**: endlessly
- **уходили на аренду**: used to be spent on rent
- **выделить**: allocated
- **мелочи**: little things
- **коврик в ванную**: bathroom mat
- **зеркало**: mirror
- **оставался**: remained
- **шутила**: was joking
- **зато**: at least
- **куча времени**: loads of time
- **через полгода**: in half a year
- **зарабатывать в два раза больше**: earn twice as much
- **вскоре**: soon
- **долгожданному**: long awaited
- **снести**: knock down
- **между**: between
- **гостиной**: sitting room (ablative)
- **вместо**: instead
- **барную стойку**: counter (accusative)
- **предложила**: suggested

- **отличная**: great
- **вызвать строителей**: call builders
- **ли**: if
- **рухнул**: collapse
- **осмотрели**: examine
- **прямо сейчас**: right now
- **выглядела**: looked
- **прочной**: robust
- **удара**: hit (genitive)
- **как будто**: as if
- **из тонкого стекла**: of thin glass
- **облако пыли рассеялось**: dust cloud dispersed
- **открыли рты от удивления**: opened their mouths in amazement
- **за**: behind
- **потайная комната**: secret room
- **крошечная**: tiny
- **сундук**: chest
- **о, ребята**: oh, guys
- **нам повезло**: we are lucky
- **воскликнул**: exclaimed
- **стоить целое состояние**: be worth a fortune
- **выяснить**: find out
- **и…и**: both...and
- **по-настоящему**: really
- **опубликованы**: published
- **девятнадцатого века**: nineteenth century (genitive)
- **ух ты**: wow
- **клад**: treasure
- **радовалась**: rejoiced
- **интересно**: I wonder
- **пожалела о**: regretted
- **подняла крышку**: raised the lid
- **закричала от ужаса**: screamed with horror
- **скелет человека**: a human skeleton
- **вызвать полицию**: call the police
- **успокоились**: calmed down
- **полон**: full of
- **искусству**: art (dative)
- **найденные предметы**: found objects
- **обсуждали**: were discussing
- **пока**: while
- **с грустью**: with sadness
- **возможно**: probably
- **убили**: killed
- **вдруг**: what if
- **какой-нибудь маньяк**: some maniac
- **забудем**: will forget

- **плакала**: was weeping
- **за бесценок**: for nothing
- **вмешиваюсь**: interfere
- **пластиковый**: plastic
- **не могла поверить своим ушам**: couldn't believe their ears
- **провела полную экспертизу**: carried out a complete expertise
- **оказалось**: it turned out
- **известному**: famous
- **так и не узнал**: never found out
- **попали**: got
- **огромное вознаграждение**: huge reward
- **не только…но и**: not only…but also
- **вернули долг**: paid out the debt

Questions about the story

1. На что Маша и Артём копили деньги?

    a) На оплату съёмной квартиры.

    b) На собственное жильё.

    c) На курсы экономистов.

2. Кто хотел иметь собственное жильё?

    a) Только Маша.

    b) Только Артём.

    c) И Маша, и Артём.

3. Почему дом продавался за полцены?

    a) Он нуждался в капитальном ремонте.

    b) В нём убили человека.

    c) Дом был некрепким и старым.

4. Что Маша и Артём купили не в рассрочку?

    a) Зеркало.

    b) Плиту.

    c) Холодильник.

5. Чей скелет был найден в потайной комнате?

    a) Знаменитого профессора.

    b) Ничей, скелет был пластиковый.

    c) Старого владельца дома.

Answers

1. B
2. C
3. A
4. A
5. B

CHAPTER IX

РАЗНИЦА В ВОЗРАСТЕ

Какая должна быть разница в возрасте между мужем и женой? Или между **девушкой** и **парнем**? **Многие говорят**, что два-три года — это не разница. **Другие считают**, что разницы не должно быть **вообще**. **Ещё кто-нибудь** скажет, что муж должен быть **старше**. Но практически все **согласны**, что женщина не должна быть старше мужчины.

Седой старик женится на молодой девушке? Ах, **как прекрасно**! Молодой мужчина женился на женщине, которая старше него? Ах, **бедняжка**! Она, **наверное, ведьма**!

Почему я так **выражаю свои эмоции**? Потому что я **та самая** женщина. Я старше своего мужа на пять лет. **И знаете что?** Это нормально. **Жаль**, что я не понимала этого **раньше**.

Когда мне было двадцать пять, я **познакомилась с парнем**. **Точнее**, с эльфом **восьмидесятого уровня**. Да, мы с мужем встретились в онлайн-игре. **Буквально** после нескольких дней мы поняли, что **общения внутри** игры нам **недостаточно**. Мы **стали переписываться** в мессенджерах и социальных **сетях**.

Когда я **узнала**, что Саша **младше** меня на пять лет, мой **мир рухнул**. Он **так** мне нравился! Весёлый, умный, и **у нас столько общего**. Но я **же старуха по сравнению с** ним! Он **всего лишь** мальчик, который учится в университете, а я **взрослая** женщина, которая ходит на работу.

Я долго думала, что делать. **Перестать** с ним общаться? Но что я скажу? Я **попросила совета** у подруги. Она ответила, **не задумываясь:**

— А он **предлагает тебе встречаться**? Или, может, **замуж зовёт**?

— Ну, нет, — ответила я.

— Тогда **в чём проблема**? Общайся дальше, **а там видно будет**.

Я так и сделала. Мы переписывались почти каждый день **около полугода**, а потом... Он просто **исчез**.

«Конечно, — думала я. — Он, наверное, нашёл себе **ровесницу** или девушку, которая младше его. И **с чего ты взяла**, Юля, что ты ему нравишься?»

Я не хочу сказать, что **страдала** каждый день, что думала только о нём. Но **мне было неприятно**. Я была **уверена**, что он перестал писать мне из-за нашей разницы в возрасте. Я **злилась на** него и на **глупые предрассудки** нашего **общества**.

Однако через три месяца он мне написал, и я **разозлилась ещё больше**. Он сказал, что **попал в автокатастрофу** и был в больнице. Ну, конечно! Я не **такая** глупая, **чтобы** в это поверить! **Скорее всего,** ему просто **стало скучно**. Но Саша был очень **настойчив**. Он часто писал мне и однажды прислал такое **сообщение:**

«**Я был бы очень рад, если бы** ты ко мне приехала. Я бы сам **с удовольствием** приехал к тебе, но моя нога **в гипсе**, и я хожу только **на костылях**».

Я **не сомневалась ни секунды**. Мне очень хотелось его **поддержать** и, конечно же, увидеть его **лично**. Но я **всё равно комплексовала из-за** своего возраста и **пообещала** себе, что еду к Саше просто как друг.

Я провела у Саши, который жил в другом городе, несколько дней. Я **так надеялась**, что **живое общение** с ним меня **разочарует**, но нет — теперь он нравился мне ещё больше, но я **сдержала своё обещание** и **не показывала своих чувств**.

Когда мы уже были **женаты**, я спросила его:

— Когда я к тебе приехала, я тебе ещё не нравилась?

— Конечно, нравилась! — ответил Саша.

— Тогда почему ты мне ничего не сказал? — удивилась я.

— Я не думал, что **могу быть тебе интересен**. Плюс, ты была очень **отстранённой**.

Оказалось, я переживала из-за того, что я старше него, а Саша — из-за того, что он младше меня! Но **тогда** мы этого не знали. **Поэтому** я просто уехала и решила **постепенно** перестать с ним общаться. **В этом не было смысла**. Я не могла быть его девушкой, потому что я старше, и я не могла быть просто его другом, потому что он мне очень нравился. Я **редко** писала ему, редко **отвечала на** сообщения. Говорила, что у меня **много дел**, что я **всегда занята**.

Постепенно мы перестали общаться. Я **убедила себя**, что это была просто **ошибка**. За четыре года у нас у **обоих** были **отношения**, и мы оба не любим о них **вспоминать**, потому что они были **просто ужасными**, **как сейчас говорят**, токсичными.

Я стала старше и поняла: мои **комплексы по поводу** возраста были просто **нелепыми** предрассудками. **Какая разница**? Сейчас мне тридцать, а ему двадцать пять. **Кстати**, звучит **не так страшно**, как двадцать пять и двадцать, **правда**? Я могла бы написать Саше, но **спустя** четыре года это **казалось неуместным** и **неловким**.

Но, **как вы знаете**, у **судьбы** были другие планы. **Однажды** моя коллега в офисе сказала мне:

— **Начальник** нашёл нового **программиста. Говорят**, молодой симпатичный парень.

Все мои подруги были **замужем** и всегда **пытались устроить** мою **личную** жизнь. Меня это **раздражало**, но, когда открылась дверь, и вошёл новый программист, я не могла поверить своим глазам!

Теперь этот программист часто **шутит**:

— **Если бы не** твои предрассудки и комплексы, наши дети уже **ходили бы** в школу!

Краткое содержание истории

Юля познакомилась с мужем в онлайн-игре. Когда она узнала, что Саша младше её на пять лет, она решила, что они не смогут быть вместе. Они встретились в реальной жизни только один раз. Юля поняла, что не сможет быть Саше просто другом, и перестала с ним общаться. Оказалось, что Юля тоже понравилась Саше, но он боялся, что будет ей не интересен, потому что он младше её. Они не общались четыре года. За это время Юля поняла, что разница в возрасте — это предрассудок. Однако она думала, что написать Саше будет неуместным. К счастью, они снова встретились, когда Саша получил работу в компании, где работала Юля.

Summary of the story

Julia met her husband in an online game. When Julia learned that Sasha was five years younger than her, she decided they wouldn't be able to be together. They met in real life just once. Julia understood that she wouldn't be able to be just friends with Sasha and stopped communicating with him. It turned out Sasha liked Julia too, but he was afraid she wouldn't be interested in him because he was younger than her. They didn't communicate for four years. Within this time, Julia understood that age difference is a prejudice. However, she thought that writing to Sasha would be inappropriate. Luckily, they met again when Sasha got a job at the office where Julia was working.

Vocabulary

- **разница в возрасте**: age difference
- **девушкой**: girlfriend (ablative)
- **парнем**: boyfriend (ablative)
- **многие говорят**: many people say
- **другие считают**: others think
- **вообще**: at all
- **ещё кто-нибудь**: somebody else
- **старше**: older
- **согласны**: agree
- **седой старик**: gray-haired old man
- **женится**: marries
- **как прекрасно**: how wonderful
- **бедняжка**: poor thing
- **наверное**: must be
- **ведьма**: witch
- **выражаю**: express
- **свои эмоции**: my emotions
- **та самая**: the very
- **и знаете что**: and you know what
- **жаль**: it's a pity
- **раньше**: earlier
- **познакомилась с**: met
- **парнем**: a guy
- **точнее**: to be more exact
- **восьмидесятого уровня**: of level eighty
- **буквально**: literally
- **общения**: communication (genitive)
- **внутри**: inside
- **недостаточно**: not enough
- **стали переписываться**: began texting
- **сетях**: networks
- **узнала**: learned
- **младше**: younger
- **мир рухнул**: world fell apart
- **так**: so much
- **у нас столько общего**: we have so much in common
- **же**: here just (an emphatic particle that can be translated in different ways)
- **старуха**: old woman
- **по сравнению с**: in comparison
- **всего лишь**: just
- **взрослая**: grown-up
- **перестать**: stop

111

- **попросила совета**: asked for advice
- **не задумываясь**: without a second thought
- **предлагает тебе встречаться**: offers you to date
- **замуж зовёт**: asks to marry
- **в чём проблема**: what's the problem
- **а там видно будет**: we'll see when we get there
- **около полугода**: about half a year
- **исчез**: disappeared
- **ровесницу**: age-mate (accusative, female)
- **с чего ты взяла**: what made you think
- **страдала**: suffered
- **мне было неприятно**: it made me feel bad
- **уверена**: sure
- **злилась на**: was angry at
- **глупые предрассудки**: silly prejudices
- **общества**: society (genitive)
- **однако**: however
- **разозлилась ещё больше**: got even more angry
- **попал в автокатастрофу**: got in a car crash
- **такая...чтобы**: so...to
- **скорее всего**: most likely
- **стало скучно**: got bored
- **настойчив**: persistent (short, male)
- **сообщение**: message
- **я был бы очень рад, если бы**: I would be very glad if
- **с удовольствием**: with pleasure
- **в гипсе**: in plaster
- **на костылях**: on crutches
- **не сомневалась**: didn't doubt
- **ни секунды**: not a single second
- **поддержать**: support
- **лично**: in person
- **всё равно**: nevertheless
- **комплексовала из-за**: had hang-ups about
- **пообещала**: promised
- **так надеялась**: hoped so much
- **живое общение**: live communication
- **разочарует**: will disappoint
- **сдержала своё обещание**: kept my promise

- **не показывала своих чувств**: didn't show my feelings
- **женаты**: are married
- **могу быть тебе интересен**: can be of interest to you
- **отстранённой**: detached
- **оказалось**: it turned out
- **переживала из-за того, что**: fret over the fact that
- **тогда**: back then
- **поэтому**: that is why
- **постепенно**: gradually
- **в этом не было смысла**: it had no sense
- **редко**: seldom
- **отвечала на**: replied to
- **много дел**: many things to do
- **всегда занята**: always busy
- **убедила себя**: persuaded myself
- **ошибка**: mistake
- **обоих**: both
- **отношения**: relationship
- **вспоминать**: remember
- **просто ужасными**: just horrible
- **как сейчас говорят**: as they say today
- **комплексы по поводу**: hang-ups about
- **нелепыми**: ridiculous
- **какая разница**: what difference does it make
- **кстати**: by the way
- **не так страшно**: not so scary
- **правда**: right
- **спустя**: after
- **казалось**: seemed
- **неуместным**: inappropriate
- **неловким**: awkward
- **как вы знаете**: as you know
- **судьбы**: destiny (genitive)
- **однажды**: one day
- **начальник**: boss
- **программиста**: programmer (genitive)
- **говорят**: they say
- **замужем**: married (about women)
- **пытались устроить**: tried to arrange
- **личную**: personal
- **раздражало**: irritated
- **шутит**: jokes
- **если бы не**: but for
- **ходили бы**: would go (subjunctive)

Questions about the story

1. Юля старше своего мужа на пять лет, и...

   a) Она комплексует по этому поводу.

   b) Она считает, что это нормально.

   c) Её это раздражает.

2. Кем был Саша, когда они с Юлей познакомились?

   a) Студентом.

   b) Программистом.

   c) Профессиональным игроком в онлайн-игры.

3. Почему Саша перестал писать Юле?

   a) Он был в больнице.

   b) Он узнал, что она старше его.

   c) Он нашёл другую девушку.

4. Почему Саша не сказал Юле, что она ему нравится?

   a) Он не знал, как это сказать.

   b) Тогда она ему не нравилась.

   c) Он не думал, что будет ей интересен.

5. Сколько лет было Юле, когда они с Сашей снова встретились?

   a) 30.

   b) 25.

   c) 20.

Answers

1. B
2. A
3. A
4. C
5. A

CHAPTER X

МОЯ НАХОДЧИВАЯ БАБУШКА

У нас у всех есть свои **кумиры**. Это люди, которыми мы **восхищаемся** и которым хотим **подражать**. Мы **доверяем** их мнению в **моде**, политике, **отношениях и во многом другом**. Мы **следуем их советам** и хотим знать **как можно больше** об их жизни.

В современном мире кумиры — это, **как правило**, музыканты, актёры и актрисы, **певцы** и **певицы**, **телеведущие** и другие **знаменитости**. **Гораздо реже** кумирами становятся **учёные**, **писатели** или, например, **звёзды** балета. **Молодёжь следит** за жизнью знаменитостей **в соцсетях**, **подписывается** на их страницы, но, **к сожалению**, очень часто эти люди **не стоят такого внимания**.

Может быть, я **покажусь старомодным**, но мой кумир — моя бабушка. Эта **удивительная** женщина прожила долгую сложную жизнь, но всегда **считала** себя счастливым человеком. Её счастье и **отношение к** жизни были **по-настоящему заразительными**. Когда я **унываю** или мне хочется начать **жаловаться** на свою жизнь, я вспоминаю свою бабушку и понимаю, что мои проблемы — это **просто мелочи**.

Детство моей бабушки Гали было **совсем не похоже** на моё. В детстве она делала вещи, которые я, **взрослый** мужчина, не знаю, как делать. Например, она умела **доить корову**, **печь** хлеб и делать сыр. Школа, в которой училась моя бабушка,

находилась за пять километров от её деревни. Каждый день **с** понедельника **по** пятницу моя бабушка проходила десять километров — в школу и **обратно. Вернувшись** из школы, она помогала родителям **по дому** и только потом **делала уроки. И при этом** она была **отличницей**!

Давайте посмотрим на мои **навыки.** Я умел **загружать посудомоечную машину,** в школу меня **возил** на машине папа, а после школы я играл в компьютерные игры, чтобы отдохнуть немного. Я **совсем** не умел готовить и был, **мягко говоря,** не самым лучшим учеником в классе.

Своё **выпускное платье** бабушка **сшила** из старой **шторы,** а на следующее утро после выпускного началась **Вторая мировая война. Ни** университета, **ни** путешествий, ни вечеринок. Моя бабушка работала **на заводе,** который **производил боевые снаряды.** Она часто **голодала,** и варёная картошка была для неё настоящим **лакомством.** Бабушка **провела** много часов **в бомбоубежище** и знала, что такое настоящий **холод.**

А я? Мой **костюм** для выпускного был сшит **на заказ,** а сразу **после окончания** школы я решил не **поступать** в университет, а **посмотреть мир** и попутешествовать. Я всегда был **сыт** и **мёрз** только когда ждал **общественный транспорт** на остановке.

После того, как война закончилась, бабушка **мечтала** пойти учиться в университет, но она **не могла себе этого позволить.** Сначала она решила **скопить** немного денег, чтобы не **зависеть от** родителей. **Ей было стыдно** брать у них деньги, а мне это всегда казалось нормальным. **Даже** когда бабушка поступила в университет, она продолжала работать **в ночную смену.**

Однажды я спросил её, не было **ли** ей тяжело, и она ответила с улыбкой:

— После четырёх лет войны всё казалось простым. У меня была **жажда жизни**. Мне хотелось строить **будущее**, хотелось просто **жить обыкновенной жизнью**.

И в детстве, и **в юности**, и сейчас я просто **обожал бабушкины** истории. **В разном возрасте** я понимал их **по-разному**. Когда я был маленьким, бабушкина жизнь казалась мне **выдуманной сказкой**. **В подростковом возрасте** я часто думал, **что бы я делал на её месте**. А сейчас, когда я взрослый, я просто восхищаюсь этой сильной женщиной. **Вот** одна из моих **любимых** историй.

К тому времени, как моя бабушка **наконец-то** поступила в университет, её родители **получили** большую **квартиру** в центре города. Её папа был героем войны, и, я считаю, он её **заслужил**. Весь **учебный год** бабушка **посещала** университет и работала, но летом она отдыхала. Конечно, этот отдых был немного **своеобразным** и **не совсем** обычным для современных людей.

Всё лето бабушка проводила с родителями **на даче**. Они **не только** купались, **загорали** и ели свежие ягоды, **но и** много работали **на своём огороде**. Они **выращивали** овощи и фрукты, а это очень непросто!

Однако бабушке нравилось проводить время на даче. В деревне у неё было много **подруг**, и ей даже не очень хотелось **возвращаться** в город. Её родители не могли **взять отпуск** на всё лето, и бабушка часто **оставалась** на даче одна. Я **бы умер со страха**: ночевать в **частном** доме, который закрывается на обычный **замок** и в котором нет телефона.

Один раз бабушка провела без родителей две недели. Конечно, она была уже не ребёнком, но для молодой девушки могло быть **опасно** оставаться одной так долго. Не все люди после войны хотели работать и учиться. **Уровень преступности** был очень высоким. В стране **не хватало милиционеров**, и некоторые нехорошие люди хотели **этим воспользоваться**. К сожалению, новости об **ограблениях** и **убийствах** были **обычным делом**.

Итак, после этих двух недель родители моей бабушки вернулись на дачу очень **взволнованными**. Их первыми словами было:

— Галя, **слава Богу**, ты жива! **С тобой всё в порядке**?

— Да, — **удивилась** бабушка. — **А в чём дело**?

— **Неужели** ты ничего не знаешь? — спросил мой **прадедушка**.

— Не знаю ничего **о чём**? — не понимала моя бабушка.

— Об этой **банде**, которая **грабит одиноких** женщин! — **воскликнула** прабабушка.

— Банда — **это громко сказано**, — спокойно ответила бабушка. — **Всего лишь** два человека.

— **Какая разница**! — мой прадедушка был **возмущён**. — Мы прочитали в газетах, что милиция ищет преступников. Двое молодых людей грабят и даже убивают одиноких девушек и женщин в деревнях.

— Когда вы об этом **узнали**? — спросила бабушка.

— **Как когда**? Сегодня утром! — сказала прабабушка. — **Как только** мы узнали об этом, мы сели на **ближайший поезд** и приехали сюда.

— Я знаю об этом уже неделю, — спокойно сказала моя бабушка. — Моя подруга рассказала об одном таком **случае** в **соседней** деревне.

— Так почему ты не приехала в город?! — **почти закричал** прадедушка.

— Мне не хотелось уезжать. Погода **такая хорошая**, а в городе **душно**.

— **Ты что**, не понимала, что это опасно?! — **возмутилась** прабабушка.

— Конечно, понимала. Когда подруга рассказала мне, что в соседней деревне ограбили одинокую **пенсионерку**, я решила показать грабителям, что я не одинокая. Я поехала в ближайший магазин и купила **мужские рубашки** и **нижнее бельё** самого большого **размера**.

— **Зачем**? — не понял прадедушка.

— Каждый день я **стирала эту одежду** и **вешала её сушиться на улице**, чтобы грабители думали, что в доме живёт **большой и сильный** мужчина...

Когда я услышал эту историю, я **не поверил** и сказал:

— **Тебе просто повезло, бабуля**. Они просто не приходили в вашу деревню.

— **Я так не думаю**. В нашей деревне ограбили двух женщин.

— **Правда? И ты не боялась?**

— **Я же тебе говорила**: после войны всё кажется простым и **нестрашным**. **Хотя** сейчас я понимаю, что это было **полным безрассудством**.

Краткое содержание истории

Рассказчик говорит, что его кумир — его бабушка Галя. Она прожила сложную жизнь, но всегда была счастливой. Когда она окончила школу, началась Вторая мировая война. Это было очень сложным временем. Рассказчик очень любит её истории. Вот одна из них.

Однажды после войны Галя осталась без родителей на даче. Подруга рассказала ей, что несколько преступников грабят одиноких женщин в деревнях. Гале не хотелось уезжать в город. Она поехала в ближайший магазин и купила мужскую одежду самого большого размера. Каждый день она стирала её и вешала сушиться на улице. Поэтому грабители думали, что в доме живёт большой и сильный мужчина. Сейчас бабушка признаётся, что это было полным безрассудством.

Summary of the story

The narrator says that his icon is his grandmother Galya. She lived a hard life but has always been happy. When she finished school, World War II began. That was a very hard time. The narrator likes her stories a lot. Here is one of them.

Once after the war, Galya stayed in the country house without her parents. A friend told her that a few criminals robbed lonely living women in the countryside. Galya didn't want to leave for the city. She went to the nearest shop and bought men's clothes of the biggest size. Every day she washed them and hung them out outside to dry. That is why the robbers thought that a big and strong man was living in the house. Now the grandmother admits that it was complete impudence.

Vocabulary

- **находчивая**: inventive
- **у нас у всех есть**: we all have
- **кумиры**: idols
- **восхищаемся**: admire
- **подражать**: model ourselves on
- **доверяем**: trust
- **моде**: fashion (prepositional)
- **отношениях**: relationship (prepositional)
- **во многом другом**: in many other things
- **следуем их советам**: follow their advice
- **как можно больше**: as much as possible
- **в современном мире**: in the modern world
- **как правило**: as a rule
- **певцы**: singers
- **певицы**: singers (female)
- **телеведущие**: TV presenters
- **знаменитости**: celebrities
- **гораздо реже**: much more seldom
- **учёные**: scientists
- **писатели**: writers
- **звёзды**: stars
- **молодёжь**: the young
- **следит**: follow
- **в соцсетях**: in social networks
- **подписывается**: subscribe
- **к сожалению**: unfortunately
- **не стоят**: are not worth
- **такого внимания**: such attention
- **покажусь старомодным**: will seem old-fashioned
- **удивительная**: amazing
- **считала**: considered
- **отношение к**: attitude to
- **по-настоящему заразительными**: really catching
- **унываю**: hang my head down
- **жаловаться**: complain
- **просто мелочи**: just trifles
- **детство**: childhood
- **совсем не похоже**: was absolutely unlike
- **взрослый**: grown-up
- **доить корову**: milk a cow

- **печь**: bake
- **находилась**: was situated
- **с...по**: from...to
- **обратно**: back
- **вернувшись**: having returned
- **по дому**: about the house
- **делала уроки**: did homework
- **и при этом**: and with that
- **отличницей**: excellent student (female, ablative)
- **давайте посмотрим**: let's take a look
- **навыки**: skills
- **загружать**: load
- **посудомоечную машину**: dishwasher (accusative)
- **возил**: took
- **совсем**: at all
- **мягко говоря**: to put it mildly
- **выпускное платье**: prom dress
- **сшила**: sewed
- **шторы**: curtain (genitive)
- **Вторая мировая война**: World War II
- **ни...ни**: neither...nor
- **на заводе**: at the plant
- **производил боевые снаряды**: produced live ammunition
- **голодала**: starved
- **лакомством**: treat (ablative)
- **провела**: spent
- **в бомбоубежище**: in bomb shelter
- **холод**: cold
- **а я**: and what about me
- **костюм**: suit
- **на заказ**: tailor-made
- **после окончания**: after finishing
- **поступать**: enter
- **посмотреть мир**: see the world
- **сыт**: full (not hungry)
- **мёрз**: was freezing
- **общественный транспорт**: public transport
- **мечтала**: dreamed
- **не могла себе этого позволить**: couldn't afford it
- **скопить**: save
- **зависеть от**: depend on
- **ей было стыдно**: she was ashamed
- **даже**: even

- **в ночную смену**: in night shift
- **ли**: if
- **жажда жизни**: will to live
- **будущее**: future
- **жить обыкновенной жизнью**: live a usual life
- **в юности**: in adolescence
- **обожал**: adored
- **бабушкины**: grandmother's
- **в разном возрасте**: at different age
- **по-разному**: in a different way
- **выдуманной сказкой**: invented tale
- **в подростковом возрасте**: as a teenager
- **что бы я делал на её месте**: what I would do in her place
- **вот**: here is
- **любимых**: favorite
- **к тому времени, как**: by the time
- **наконец-то**: at last
- **получили**: got
- **квартиру**: apartment
- **заслужил**: deserved
- **учебный год**: academic year
- **посещала**: attended
- **своеобразным**: peculiar
- **не совсем**: not quite
- **на даче**: in the country house
- **не только…но и**: not only…but also
- **ззагорали**: sunbathed
- **на своём огороде**: in their kitchen garden
- **выращивали**: grew
- **однако**: however
- **подруг**: friends (female, genitive)
- **возвращаться**: return
- **взять отпуск**: take a vacation
- **оставалась**: stayed
- **бы умер со страха**: would die of fright
- **частном**: private
- **замок**: lock
- **один раз**: one time
- **опасно**: dangerous
- **уровень преступности**: crime rate
- **не хватало милиционеров**: was short of policemen
- **этим воспользоваться**: take advantage of it

- **ограблениях**: robberies (prepositional)
- **убийствах**: murders (prepositional)
- **обычным делом**: common thing (ablative)
- **итак**: so
- **взволнованными**: nervous
- **слава Богу**: thank God
- **с тобой всё в порядке**: are you all right
- **удивилась**: was surprised
- **а в чём дело**: what's the matter
- **неужели**: really
- **прадедушка**: great-grandfather
- **о чём**: about what
- **банде**: gang (prepositional)
- **грабит**: rob
- **одиноких**: lone living
- **воскликнула**: exclaimed
- **это громко сказано**: that's rather overstated
- **всего лишь**: just
- **какая разница**: what difference does it make
- **возмущён**: indignant (short form)
- **узнали**: learned
- **как когда**: what do you mean when
- **как только**: as soon as
- **ближайший поезд**: the nearest train
- **случае**: case (prepositional)
- **соседней**: neighboring
- **почти закричал**: almost shouted
- **такая хорошая**: so good
- **душно**: stuffy
- **ты что**: are you...or what
- **возмутилась**: was indignant
- **пенсионерку**: retired woman (accusative)
- **мужские рубашки**: men's T-shirts
- **нижнее бельё**: underwear
- **размера**: size (genitive)
- **зачем**: what for
- **стирала эту одежду**: washed these clothes
- **вешала её сушиться на улице**: hung it out outside to dry
- **большой и сильный**: big and strong
- **не поверил**: didn't believe
- **тебе просто повезло**: you were just lucky
- **бабуля**: granny (colloquial)

- **я так не думаю**: I don't think so
- **правда**: really
- **и ты не боялась**: and weren't you afraid
- **я же тебе говорила**: I told you
- **нестрашным**: not scary
- **хотя**: although
- **полным безрассудством**: complete impudence

Questions about the story

1. Что рассказчик умел делать в детстве?

   a) Печь хлеб.

   b) Доить корову.

   c) Загружать посудомоечную машину.

2. Что делала бабушка Галя, когда окончила школу?

   a) Путешествовала.

   b) Поступила в университет.

   c) Работала на заводе.

3. Где бабушка Галя обычно проводила каникулы?

   a) На даче.

   b) Она работала.

   c) Она путешествовала.

4. Кого грабила банда из двух молодых людей?

   a) Одиноких мужчин.

   b) Одиноких женщин.

   c) Пенсионерок.

5. Зачем бабушка Галя купила мужскую одежду большого размера?

   a) Чтобы показать грабителям, что она не одинока.

   b) Чтобы подарить её своему папе.

   c) Чтобы работать в ней на огороде.

Answers

1. C
2. C
3. A
4. B
5. A

CONCLUSION

Hello again, Reader!

We hope you've enjoyed our stories and the way we've presented them. Each chapter, as you will have noticed, was a way to practice vocabulary that you will use when speaking Russian. Whether it's verbs, pronouns or simple conversations.

Never forget: learning a language doesn't *have* to be a boring activity if you find the proper way to do it. Hopefully, we've provided you with a hands-on fun way to expand your knowledge in Russian, and you can apply your lessons to future ventures.

Feel free to use this book in the future when you need to go back and review vocabulary and expressions — in fact, we encourage it.

If you have enjoyed this book and learned from it, please take a moment to leave a little review on the book, it's highly appreciated!

Believe in yourself and never be ashamed to make mistakes. Even the best can fall; it's those who get up that can achieve greatness! Take care!

MORE FROM LINGO MASTERY

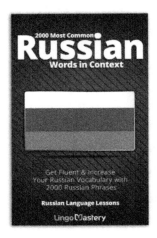

Have you been trying to learn Russian and simply can't find the way to expand your vocabulary?

Do your teachers recommend you boring textbooks and complicated stories that you don't really understand?

Are you looking for a way to learn the language quicker without taking shortcuts?

If you answered *"Yes!"* to at least one of those previous questions, then this book is for you! We've compiled the **2000 Most Common Words in Russian,** a list of terms that will expand your vocabulary to levels previously unseen.

Did you know that — according to an important study — learning the top two thousand (2000) most frequently used words will enable you to understand up to **84%** of all non-fiction and **86.1%** of fiction literature and **92.7%** of oral speech? Those are *amazing* stats, and this book will take you even further than those numbers!

In this book:

- A detailed introduction with tips and tricks on how to improve your learning
- A list of **2000** of the most common words in Russian and their translations
- An example sentence for each word – in both Russian *and* English
- Finally, a conclusion to make sure you've learned and supply you with a final list of tips

Don't look any further, we've got what you need right here!

In fact, we're ready to turn you into a Russian speaker... are you ready to become one?

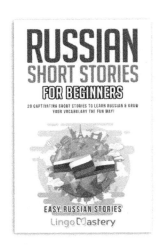

Do you know what the hardest thing for a Russian learner is?

Finding *PROPER* reading material that they can handle...which is precisely the reason we've written this book!

Teachers love giving out tough, expert-level literature to their students, books that present many new problems to the reader and force them to search for words in a dictionary every five minutes — it's not entertaining, useful or motivating for the student at all, and many soon give up on learning at all!

In this book we have compiled 20 easy-to-read, compelling and fun stories that will allow you to expand your vocabulary and give you the tools to improve your grasp of the wonderful Russian tongue.

How **Russian Short Stories for Beginners** works:

- Each story is interesting and entertaining with realistic dialogues and day-to-day situations.
- The summaries follow a synopsis in Russian and in English of what you just read, both to review the lesson and for you to see if you understood what the tale was about.
- At the end of those summaries, you'll be provided with a list of the most relevant vocabulary involved in the lesson,

as well as slang and sayings that you may not have understood at first glance!

- Finally, you'll be provided with a set of tricky questions in Russian, providing you with the chance to prove that you learned something in the story. Don't worry if you don't know the answer to any — we will provide them immediately after, but no cheating!

We want you to feel comfortable while learning the tongue; after all, no language should be a barrier for you to travel around the world and expand your social circles!

So look no further! Pick up your copy of **Russian Short Stories for Beginners** and level up your Russian *right now*!

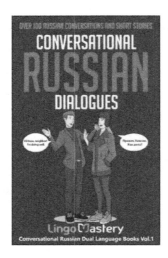

Is conversational Russian turning a little too tricky for you? Do you have no idea how to order a meal or book a room at a hotel?

If your answer to any of the previous questions was 'Yes', then this book is for you!

If there's even been something tougher than learning the grammar rules of a new language, it's finding the way to speak with other people in that tongue. Any student knows this – we can try our best at practicing, but you always want to avoid making embarrassing mistakes or not getting your message through correctly.

"How do I get out of this situation?" many students ask themselves, to no avail, but no answer is forthcoming.

Until now.

We have compiled **MORE THAN ONE HUNDRED** conversational Russian stories for beginners along with their translations, allowing new Russian speakers to have the necessary tools to begin studying how to set a meeting, rent a car or tell a doctor that they don't feel well. We're not wasting time here with conversations that don't go anywhere: if you want to know how to solve problems (while learning a ton of Russian along the way, obviously), this book is for you!

How Conversational Russian Dialogues works:

- Each new chapter will have a fresh, new story between two people who wish to solve a common, day-to-day issue that you will surely encounter in real life.
- An Russian version of the conversation will take place first, followed by an English translation. This ensures that you fully understood just what it was that they were saying.
- Before and after the main section of the book, we shall provide you with an introduction and conclusion that will offer you important strategies, tips and tricks to allow you to get the absolute most out of this learning material.
- That's about it! Simple, useful and incredibly helpful; you will NOT need another conversational Russian book once you have begun reading and studying this one!

We want you to feel comfortable while learning the tongue; after all, no language should be a barrier for you to travel around the world and expand your social circles!

So look no further! Pick up your copy of Conversational Russian Dialogues and start learning Russian right now!

Printed in Great Britain
by Amazon

37289598R00079